若き日のタゴール

タゴール家系図

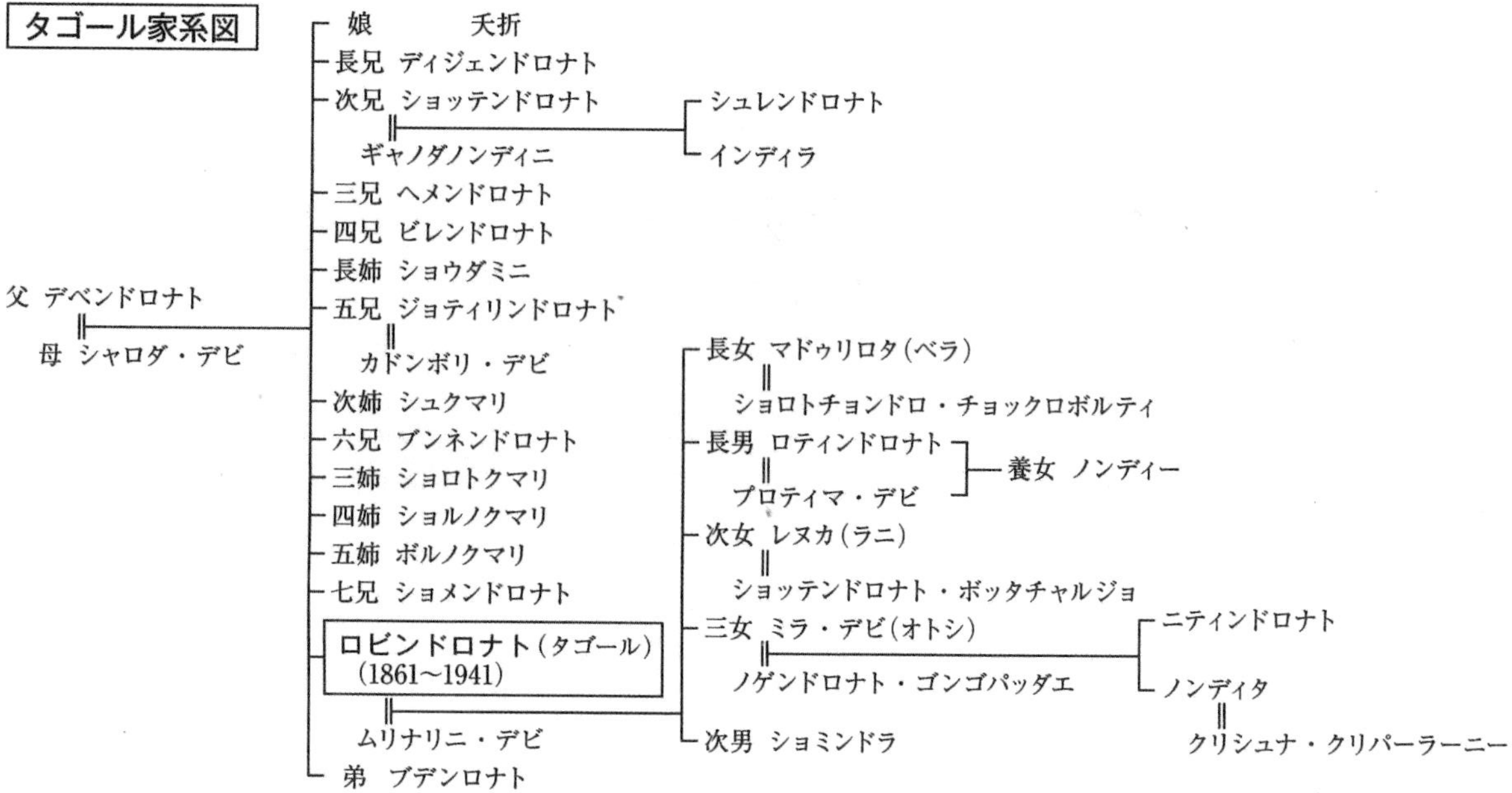
父 デベンドロナト
母 シャロダ・デビ
娘 夭折
長兄 ディジェンドロナト
次兄 ショッテンドロナト
ギャノダノンディニ
シュレンドロナト
インディラ
三兄 ヘメンドロナト
四兄 ビレンドロナト
長姉 ショウダミニ
五兄 ジョティリンドロナト
カドンボリ・デビ
次姉 シュクマリ
六兄 ブンネンドロナト
三姉 ショロトクマリ
四姉 ショルノクマリ
五姉 ボルノクマリ
七兄 ショメンドロナト
ロビンドロナト（タゴール）
(1861~1941)
ムリナリニ・デビ
弟 ブデンロナト
長女 マドゥリロタ（ベラ）
ショロトチョンドロ・チョックロボルティ
長男 ロティンドロナト
プロティマ・デビ
養女 ノンディー
次女 レヌカ（ラニ）
ショッテンドロナト・ボッタチャルジョ
三女 ミラ・デビ（オトシ）
ノゲンドロナト・ゴンゴパッダエ
ニティンドロナト
ノンディタ
クリシュナ・クリパーラーニー
次男 ショミンドラ

タゴール

・人と思想

丹羽　京子　著

119

CenturyBooks　清水書院

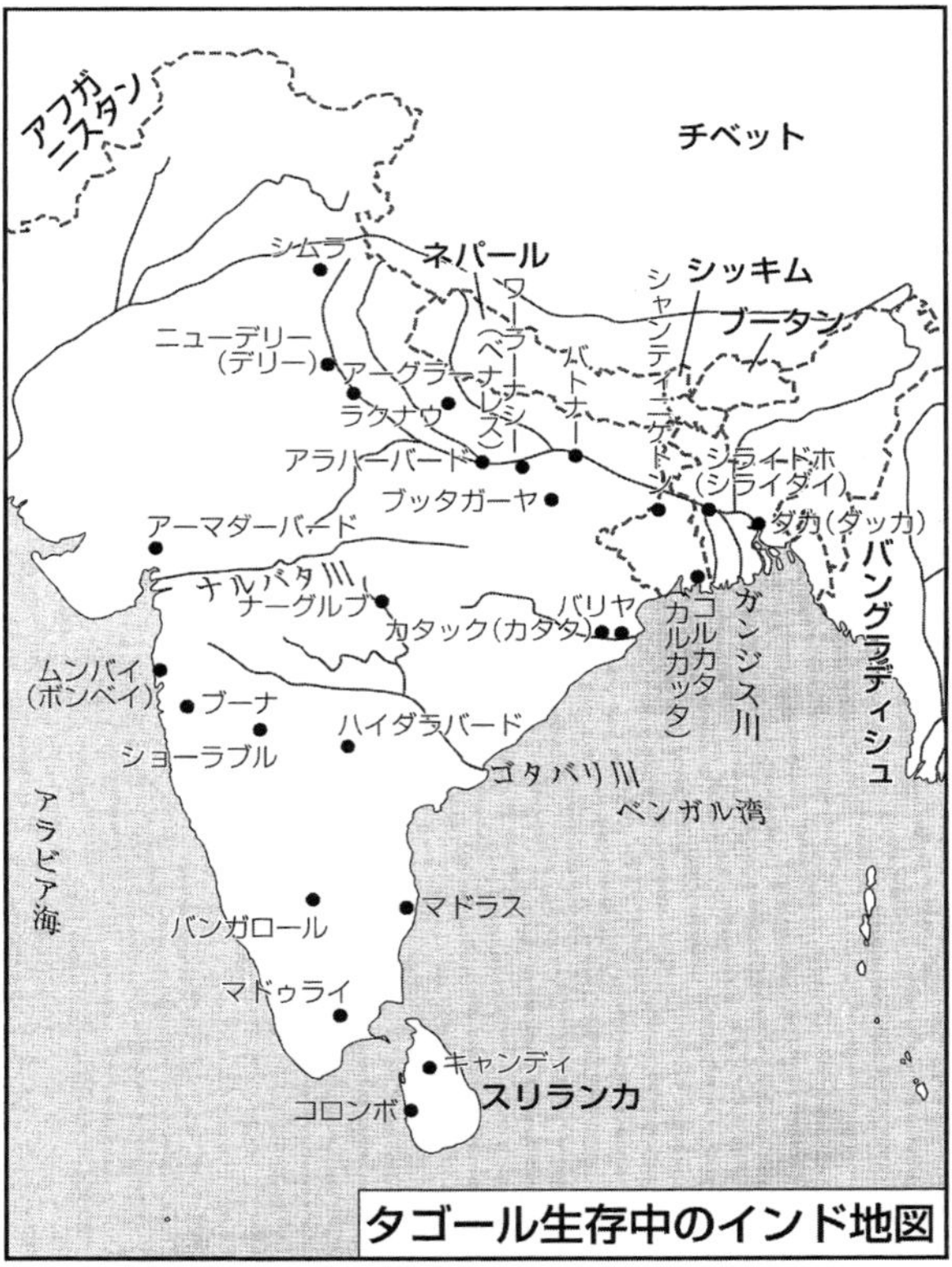

タゴール生存中のインド地図

はじめに

二〇〇一年、一月。インドは西ベンガル州、コルカタでのこと。わたしは三十代から七十代までの現在活躍中の詩人たちにインタビューしていた。そのインダビューの中には必ずある質問が含まれていた。その質問とは「あなたが最も好きな詩人は誰ですか?」

このシンプルな問いに対する答えはまた、実にシンプルなものであった。「ロビンドロナト・タクル」、すなわちタゴール。世代もタイプも異なる詩人たちの答えがまったく同一のものだったのだ。英語を使いこなすのにも不自由しない、エリオットだのギンスバーグだのを読み込んだ詩人ですら、最も好きな、最も影響を受けた、最も読んだ詩人はロビンドロナト・タクルであるという。

タゴールの地元ベンガルで、今現在の詩壇を席巻していると言っても過言ではないジョエ・ゴーシャミの答えがとりわけ心に残った。それ以外の質問ではとても饒舌だった彼がしばらく黙り込み、やっとのことで仕方がないというように答えたのだ。「ロビンドロナト」そして独り言のように付け加えた。「若いころはいろいろ思ったけど、でも、結局そういうことなんだ」

そしてまた、二〇〇五年、九月。バングラデシュはダカでのこと。わたしは四十代から八十代までの作家や詩人にインタビューしていた。今度は質問のしかたを変えてみる。「あなたにとってタゴールとは何ですか？」ある人は空のようなものだと言い、ある人は空気のようなものだと言う。常に意識しているわけではないが、いつでもそこに存在しているもの、というわけである。

ベンガルにかかわるものならだれでも、詩人タゴールの絶大な人気と影響力は知っている。しかし没後七十年になろうという今なおこれほどの存在であることを、わたしはこれまでわかっていたのだろうかと思う。そしてもう一度、それほどの存在であるタゴールとその意味を考え直してみたい、とも思う。

ベンガル語でロビンドロナト・タクル。英語訛りでラビーンドラナート・タゴール。日本ではかつて詩聖タゴールと呼ばれ、ふさふさとした髭をたくわえた老齢の写真とともに、その哲学者か隠者のようなイメージが伝えられてきた。しかしその実像はいかなるものなのか？　いかに偉大な人物といえども若く未熟なころはあっただろうし、失敗も欠点もあっただろうに。そしてそもそも本当に万人に愛されるなどということが可能なのか？

タゴールは一八六一年に生まれ、一九四一年に亡くなった。彼はその八十年間のうち少なくとも二十歳から先の六十年間にわたってまったくのスランプ知らずで書きつづけ、ほとんどありとあらゆる文学的創作に関わった。残された著作は膨大かつ多様である。一九一三年には非ヨーロッパ人としてはじめてノーベル文学賞を受賞し、その名は世界中に知れ渡り、数々の著名人と親交を持った。後半生には自ら理想とする学園を作り、教育活動にも打ち込んだ。

ここまでは事実である。しかしその先は？　タゴールの作品はいずれも質が高く、今もって絶大な影響力を持っている。あるいは、タゴールの著作は今なお人々に愛され読まれている。あるいはまた、タゴールという存在そのものがベンガル人の誇り、あるいは心の支えとして生き続けている。これらの文言はすべて正しい。しかしそれで結局のところ、このタゴールとは何者だったのか？という疑問が浮かばないだろうか。膨大な作品群、長大な伝記、数々の逸話、そうしたものがありながら、あるいはありすぎるゆえに、タゴールの正体はいっこうにつかむことができない、あるいは生きたタゴール像は霧の向こうか雲の上に隠れ、手が届かず、くっきりと浮かんではこない、というようなことがありはしないだろうか。

ここで求められていることは単純である。タゴールとは本当のところいかなる人物であり、その作品とはいかなるものなのかを示すこと。そしてタゴールという人物がかつて生きていたということが、あるいはその残された作品群が、自分にとってあるいは今を生きる人々にとってどれほどの意味があるのかを考える、ということである。

ゆえにここではタゴールを、想像を絶する業績を残した偉人としてではなく、あるいはほとんど象徴と化した世紀の詩人としてではなく、痛みも喜びも知り尽くした、十九世紀から二十世紀にかけて本当に生きた詩人として今一度描き直してみたいと思う。そして詩人であると言うからには、その詩作品がどのようなものであるかを辿ってみたいと思う。そのうえで、二十一世紀を生きている読者のみなさんに、タゴールとその作品が持つ意味を少しでも実感してもらえれば幸いである。

本書では、第一章から第三章までをタゴールの生涯に、第四章から第七章までをタゴールの作品にあてている。第一章から第三章までの構成はやや変則的で、第一章でノーベル賞受賞の経緯、第二章で日本とのつながりを述べたのちに第三章で簡単に生涯を辿っている。日本の読者に多少とも知られている事実の検証から進めるための構成だが、オーソドックスにその生涯をまず辿りたい場合には第三章から読み始めてもらってもよいだろう。後半については、第四章が戯曲と歌について、第五章が小説について、そして第六章と第七章が詩についてまとめたものになっている。いずれも独立性を高くしたつもりなので、興味の赴くままに読んでいただいてかまわない。そのうえで全体を通して読んでいただけると、タゴールの全体像がつかめるのではないかと考える。

なお本書に登場するベンガル人の名前およびベンガルの地名は基本的にベンガル語読みに統一してあるが、詩人タゴールのみは日本ですでに通用していることから、「タゴール」と表記してある。

最後に、本書執筆のきっかけを作ってくださった清水幸雄氏、出版の仮定でひとかたならぬお世話になった編集部長の渡部哲治氏、そして原稿を丹念に読んでいただいた池田剛氏に心からお礼申し上げたい。

二〇一一年一月　タゴール生誕百五十周年の年に

丹　羽　京　子

二〇一一年一月二十六日

目次

第一章　一九一三年、ノーベル賞受賞

～現象としてのタゴール～

わたしの心は落ち着かぬ
わたしは遠くを求めるもの
（『献納』（一九一四）所収
執筆年月日未記載）

一　四十代のタゴール

タゴール、四十歳

今を遡ること百十年、二十世紀はじめの年である一九〇一年にタゴールはちょうど四十歳を迎えている。あとから振り返ってみるとそれは八十年にわたるタゴールの人生のちょうど中間点にあたるわけだが、そのころのタゴールは詩人として、あるいは文学者としてのキャリアをすでに築き、妻と五人の子供を持ち、タゴール家の領地であるシライドホ（現バングラデシュ内）での地主稼業のかたわら、これもまたタゴール家の有するシャンティニケトン（現インド、西ベンガル州内）の土地において自らの理想とする学園を作るという事業に取りかかろうというところであった。この時点でタゴールがその生涯を終えていたとしてもその名はベンガル文学史上に刻まれただろうが、それはおそらく平凡の域を出ないものだったろう。タゴールがまさに非凡としか言いようのない創作活動を展開し、ベンガル文学における生きた伝統であると同時に革新者であるというほとんど唯一の求心点となり、また世界的な詩人として容易には手の届かない存在にまでなっていくのはこのあとのことである。

その普通ではない展開は一九〇〇年代最初の十年、すなわちタゴール四十代の時期にはじまると言ってもいいだろうが、そのころはまだ、だれひとりその意味に気づいてはいない。そしてそれは当人にとっては、尋常ならざる多事多難の十年として立ちあらわれてきたのだった。

父デベンドロナト

数々の不幸

はじまりは一九〇二年、雨季まっさかりの七、八月ごろに妻ムリナリニ（一八七三～一九〇二）が寝込んだことにあった。それに先立つ一九〇一年にはごたごたの末に長女マドゥリロタ（一八八六～一九一八）の結婚が執りおこなわれ、その一ヵ月後にやや唐突に次女レヌカ（一八九〇～一九〇三）の結婚も決まり、こうしたあれやこれやが一段落ついたかと思われた矢先のことだった。そしてムリナリニが病床にあるころ、結婚したばかりのレヌカも体調を崩して寝込んでしまっていた。

理想に燃えて学園作りに取りかかったものの、それをはじめるにあたっての資金繰りも容易ではなく、また同じ時期にクシュティアで進めていた事業に失敗し、多額の負債もかかえこんでしまったタゴールは、プーリーの資産、個人蔵書、そのうえ妻に提供してもらった装飾品類まで売り払わなければならなかった。こういう時期にいつでも自分を支えてくれた妻が寝込んでしまったのである。そして彼女は結局、その年の十一月に息をひきとり、レヌカもその後の転地療養の甲斐なく翌〇三年の九月に亡くなってしまう。

その二年後の一九〇五年のはじめには、父デベンドロナト（一八一七～一九〇五）が八十八歳で亡くなるのだが、この天寿を全うした父の死は、当然妻や子の死とは異なる意味を持っていた。宗教者として名を知られ、数々の著作を残し、タゴール家を、そして近代ベンガルを牽引してきた偉大な父の死は、ひとつの時代の終わりを意味するものであり、またその父を最後まで敬愛していた詩人タゴールにとっては、人生の指針が失われる思いだったに違いない。

タゴールの子どもたち
（長男ロティンドロナトを除く）

そしてさらにその二年後の一九〇七年には、三女ミラ（一八九三～一九六六）の結婚がすんでほっとする間もなく今度はコレラが流行し、末の息子のショミンドロ（一八九六～一九〇七）があっけなく息をひきとってしまう。くしくもこの子が死んだのは、五年前に妻ムリナリニが死んだのとまったく同じ日であった（ただしベンガル暦による同日なので、西暦に換算すると若干のずれがある）。長男ロティンドロナト（一八八八～一九六一）は前年よりアメリカに渡り、長女と三女は嫁ぎ、そして妻と二人の子を亡くし、わずか五年前には七人家族だったタゴールの身のまわりには、いつの間にかだれもいなくなってしまったのである。

学園も前途多難であった。そもそも自分を含めて教師が五人、自分の子供を含めて生徒も五人という状態でスタートした学園だったが、最初の夏休み明けにはすでに数人の教師が学園を去り、自身も家族の看病などでしばしばシャンティニケトンを離れなければならなかった。そうしたおり、後継者にと目をかけていた若き詩人のショティシュチョンドロが、学園に加わってわずか一年後の一九〇四年に天然痘でこの世を去り、そのうえ天然痘の流行を避けるため一時期学園の閉鎖を余儀なくされるなど、当初の学園の実情は惨憺たるありさまだった。つまりこの時期、タゴールは家族の悲劇と学園の問題とで四六時中奔走していなければならなかったはずだし、事実そうであった。

四十歳代の創作活動

にもかかわらず、この時期のタゴールの創作活動にはまったく翳りがない。翳りがないどころか、一種独特の冴えを見せている感もある。そもそもこの十年期のはじまり、一九〇一年に出された『捧げもの』は、その後のタゴール詩のひとつの頂点を形成する一連の神秘主義詩の第一作目となる記念碑的詩集であり、一九〇六年に出された大部の詩集『渡し舟』にも、表題作をはじめとしてその後長く人口に膾炙《かいしゃ》する作品が数多く収められている。妻の死を悼んだ詩集『追憶』や、次女の転地療養を兼ねてまだ幼かったその下の子供たちを連れてアルモラ滞在中に書かれた『幼子』など、個人的な体験から秀作が生まれもした。一九〇七年にはのちに二十世紀最高のベンガル小説とうたわれる『ゴーラ』の連載もはじまっている一方で、その同じ年には有名な文学評論四部作『文学』『古代文学』『民俗文学』『現代文学』が矢継ぎ早に発表されている。この十年期には新しい戯曲がやや乏しいのがやや目につくものの、その代わり、のちにバングラデシュ国歌となる「黄金のベンガル」をはじめとするいわゆる「愛国歌」がさかんに書かれている。

民族主義の高まりつつあったこの時期、ベンガル分割令（イギリス植民地政府から出された当時の大ベンガルを行政的に分割するという案。人々はこれをヒンドゥーとムスリムの分離をねらうものと見た）を受けて、ベンガルの政治も揺れに揺れていた。「黄金のベンガル」も一九〇五年、まさにベンガル分割令に反対する集会ではじめて披露されたものだったし、タゴールは当初積極的に集会に参加し、これ以外にも数多くの愛国歌を書いた。そして人々は機会あるごとに好んでこれらの歌をうたったのだった。しかしタゴール自身はしだいに政治の場から身を引くようになり、この引退に際しては世間から轟々たる非難を浴びるという経験もしている。

ともあれ、この多事多難の、あまりに多彩でめまぐるしく、ほとんどとりとめもないようにも見えるこの十年間は、次の十年間、さらにはそれに続く後半生を暗示していた。つまり、ベンガル伝統の大家族《ジョイント・ファミリー》に育ち、多くの才能溢れる人々に囲まれて、それまでおよそ孤独とは縁がなかったように見えるタゴールが、この十年間でみずからの家族を失い、その背後にしっかりと存在していたタゴール家も家長デベンドロナトを失い、こうしてひとりになってしまった詩人タゴールの目の前に現実の世界が姿をあらわしたのである。壮年期に達したタゴールは、いよいよみずからこの世界と対峙し、その取るべき道を選択しなければならなかった。学園をめぐる諸事にせよ、ベンガル分割を巡るみずからの関わり方にせよ、そうした選択のはじまりだったし、あるいは長編小説『ゴーラ』もみずからの社会的、宗教的、政治的立場を明確にすることなしには書き得ない作品だった。そうした中、愛国歌の数々は詩人の予想を超えて人々の間に広がっていき、相次ぐ大作でその文学的地位は不動のものになりつつあり、そしてタゴール独自の精神世界の産物とも言える詩篇の数々ですら、まもなく世界に見出される運命にあったのである。

二　ベンガルの外へ

一九一〇年

一九一〇年には重要な作品の出版が相次いだ。いずれも実際に書かれたのはそれに先立つ数年間ということになるわけだが、まず二月には長編小説『ゴーラ』が完結し、ただちに単行本化されている。次に出されたのがかの有名な『ギタンジョリ』（歌のささげもの。

ベンガル語で書かれたオリジナルの詩集）である。実はこの『ギタンジョリ』は、通常の詩集というよりも詩歌集に近い。のちに詳しく述べるが、タゴールはもともと詩と歌の創作を並行しておこなってきており、この作品集に収められた作品群は詩と歌の特性の両面を兼ね備えている。実際にはこの本が出された時点で旋律もついていたのは百五十七編中八十五編で、のちに旋律がつけられたものを含めてもそのすべてが完全に歌であるわけではないのだが、タゴール自身はこれらすべてを「歌（gan）」と呼んでいた。そしてその同じ年、タゴールは息つく間もなく戯曲『王』を書き終えているが、これもまたタゴール戯曲の代表的作品のひとつで、英訳版『暗室の王』の名のもとでも広く知られることになる作品であった。

外遊の願望

翌一九一一年になると、タゴールはたびたび外遊の希望を口にするようになる。かつて滞在したことのあるイギリスの他にもイタリアや日本の名前があがっているところからして、特にこれといって目的はなく、二、三ヶ月見知らぬところで過ごしたいということだったらしい。この外遊、タゴールを一気に世界的な詩人へと導くことになるイギリス行きは、結局翌年の五月まで実現が先送りされることになる。しかしこの間、ほとんど人目につかないうちにタゴールを世界に知らしめるための布石が置かれつつあったのである。

ローセンスタインと知り合う　イギリスの画家、ウィリアム・ローセンスタイン（一八七二～一九四五）はしばらく前からタゴール家と知己を得ていたが、一九一一年のはじめにコルカタ（旧カルカッタ）にあるジョラシャンコの家を訪ねている。この家はいわばタゴール家の本家にあたる大邸宅で、詩人タゴールもこの家で育ったわけだが、タゴール家の生んだ二人の重要な近代画家、ゴゴネンドロナト（一八六七～一九三八）やオボニンドロナト（一八七一～一九七一）などの尽力によりかなりの美術品が収集されていることでも知られていた。そうしたわけで、オボニンドロナトは画家であるローセンスタインをジョラシャンコに招待し、そこで画家ははじめて詩人タゴールにまみえたのである。

はじめローセンスタインはこのもの静かな叔父（実際にはふたりは詩人タゴールの父の甥の子どもにあたる）が何者であるかを知らなかった。しばらくしてその謎の叔父がいかなる人物かを知ったローセンスタインは、タゴール作品の英訳を探し出しては読むようになる。ロンドンに戻ってからもローセンスタインの関心は衰えず、あらたにロンドン在住のベンガル人から詩人への賞賛の言葉を聞くにつれ、もっとそれらを読みたい、さらには他の人にも知らしめたいと思うに至る。そこでローセンスタインはタゴールに手紙を書き、イギリスの雑誌に載せるべく自作の詩の英訳を送ってくれと言ってきたのだった。

タゴール作品の英訳

一方それに先立ち、タゴールをベンガル語世界の外に知らしめたいという動きもあった。中でもシャンティニケトンに英語教師として参加していたオジットクマル・チョックロボルティ（一八八六～一九一八）は熱心なひとりで、彼はタゴールが世界詩人であり、現代における最も偉大な詩人であるという揺るぎない信念の持ち主だった。オジットクマル・チョックロボルティは一九一〇年にさらなる研鑽を積むためオックスフォードに留学したが、その地でみずからの英訳を朗読して聞かせたほか、帰国後も翻訳を続け、これはと思う人物に送ったりしていた。そうした経緯から、ローセンスタインの申し出を受けたタゴールがまず思いついたのは、これらの英訳を送ることだった。オジットクマル・チョックロボルティの英訳は、タゴール訪英の直前にイギリスの「ネーション」誌に載ったりもしたのだが、最終的に英詩集『ギーターンジャリ（Gitanjali）』として実を結ぶことになるのは詩人自身の英訳によるものであった。

タゴール作品の英訳は一九〇〇年代になってからはじまっているが、そのほとんどは詩人以外の手による翻訳である。タゴールはなぜあえてみずから『ギーターンジャリ』翻訳をおこなったのか、という問いを設定した研究者もいたが、たしかにしごくまっとうな問いである。植民地下という特殊な状況にあったインドにおいては、英語で創作をおこなう文学者もめずらしくはなかったのだが、タゴールの場合は、英語で書くかベンガル語で書くかというのは選択の問題ではなかった。のちにその生涯を振り返ってみれば明らかになろうが、タゴールにとってはベンガル詩人以外のなにものかになるという可能性はなかったのである。そのタゴールが、スピーチ原稿や散文ならいざ知らず、みずからの詩の英訳というけっしてやさしくはない作業にまで手を伸ばしたのはなぜなのか、そしてそのことがもたらした結果はいかなるものだったのかという問題は一考に価する。

タゴール訳の『ギーターンジャリ』　タゴールはひょんなことから自作の詩の英訳に取りかかったとされる。それはローセンスタインと知り合った翌年、一九一二年三月にイギリスに向けて出発するべく船に荷物まで積み込んだ末に体調を崩し、医者にも止められてやむなく旅を延期したことからはじまった。詩人はなじみの土地であるシライドホで療養生活を強いられるのだが、その際彼はあまりプレッシャーのかかる仕事はしないようにと医者に釘をさされている。大きな仕事、責任がのしかかるような仕事はできないが、さりとてなにもしないでいるのもかえって落ち着かないという状態の詩人が思いついたのが「特に必要というわけでもない」自作の詩の英訳だったというわけである。「特に必要というわけでもない」と言ったのはタゴール自身で、この言葉はのちに当時の状況を書き送った私信の中にあらわれている。ただし、これがまったくの手遊《てすさ》びのようなもので、なんの目的もなく訳されたというのはあたらない。やはりこれはローセンスタインの申し出が念頭にあってのことと考えるべきだろう。実はタゴールは別の私信で、詩の英訳はみずからした方がよいようだとも語っている。どのみちベンガル語の韻律は英語には移しようがないのだし、結局のところその意味するところをシンプルな英語に移し変えるしかないのだから自分がした方がよいのだと。

それはともかく、この英語版『ギーターンジャリ』は二年前に出された『ギタンジョリ』(「歌の捧げもの」の意味。「ギーターンジャリ」はこれの英語訛りである)の全訳ではない。このときのタゴールが当時最も新しい詩集であった『ギタンジョリ』から多くを訳したのは当然のなりゆきだが、それと同時に彼はそれ以前の詩集に収められている詩や、そのときまさに書いたばかりの(したがってベンガル語の詩集には未だ収められてはいなかった)詩も一緒に訳しており、それらをひとつにしたものが英語版『ギーターンジャリ』になったのだった。もうひとつ忘れてはならない点は、詩人がこれらの英訳を必ず散文訳と呼んでいたことである。それはオリジナルの『ギタンジョリ』を歌と呼んでいたのとは対照的で、この違いは結局のところオリジナルのタゴール詩とその英訳の間に横たわる大きなギャップとなって残ったのであった。

三　イギリス行き

イギリスへ向かう

同年すなわち一九一二年の五月、それはタイタニック号のあの大惨事が起こった翌月でもあるのだが、タゴールはイギリスに向けてムンバイ（旧ボンベイ）で乗船する。六月、ロンドンに着いたタゴールを待ちかまえていたのは、ロンドン在住のベンガル人とローセンスタインであった。これらの人々の他にも数年前に立ち上がったばかりのインド協会（India Society）もタゴールを英語世界に紹介するべく動きはじめていたのだが、タゴールはまずローセンスタインを訪ね、携えた自分の英訳ノートを画家に渡している。英訳された詩を読んだローセンスタインはその作品に文字通り夢中になり、以後骨身をおしまずタゴールとその作品のために動き回ることになる。

ローセンスタインによるタゴールのスケッチ

ローセンスタインはタゴールの手書きのノートからコピーを三部作り（コピー機などない時代のことであるからみずからタイプを三部打ったのである）、オックスフォード大学のブラッドリ教授と作家のストップフォード・ブルック、そしてアイルランドの詩人イェイツ（一八六五〜一九三九）に送った。三人のうちイェイツを除くふたりはすぐさまこれらの詩篇を絶賛、残るイェイツは、ローセンスタインのはじめの手紙には返答しなかったのだが、この件に関してはおよそあきらめることを知らないローセンスタインが再び手紙をしたためると、それなら読んでみようということになり、いざ読んでみるとイェイツもまた、それにのめりこんでしまう。

イェイツとの出会い

はじめてタゴールの詩を読んだときの感動をイェイツはこう書いている。

「わたしは何日もの間その翻訳原稿を持ち歩き、列車の中で、乗り合い馬車で、レストランでそれを読んだ。わたしはしばしばそれを閉じなければならなかった。というのも周りの見知らぬ人々に、わたしがどんなに感動してしまっているかを悟られたくなかったからだ」これは遠からず出版されることになる英語版『ギーターンジャリ』の有名な序文の一節である。即座にローセンスタイン宅で二人の会見の場が用意され、その場でイェイツは四歳年長のベンガル詩人に、みずからこれらを校正して序文を書き、出版してみせると請合っている。イェイツは「だれであれ、これらをもっと手直しできると言うような人は、文学がなんたるかをわかっていない」

と言ったと伝えられ、それまで自分の英語もしくは英訳に確たる自信を持っていなかったタゴールはおおいに勇気づけられたらしい。

それより十日ほどのちに、ローセンスタイン宅であらためてタゴール詩の朗読会が開かれた。朗読したのはイェイツ。父の外遊に同行していたタゴールの長男ロティンドロナト（一八八八～一九六一）がそのときの様子を書き留めている。「朗読のあと、ほとんど胸が痛くなるような沈黙がその場を覆った。そしてその翌日になると洪水のような賞賛の手紙が溢れかえった」。農学を専攻した詩人の息子の淡々とした書きっぷりは、かえってその場の雰囲気をよく伝えている。「胸が痛くなるような沈黙」がなんであったのかは明らかだ。それほどまでにそこにいた全員が深く感動してしまったのである。朗読会に参加した女性作家のメイ・シンクレア（一八六三～一九四六）も翌日になって賞賛の手紙をしたためたひとりだったが、その手紙に彼女はこう書いている。「昨晩、あなたの詩についてあなたに何事かを語ることはとてもできませんでした。なぜならそれは簡単に口にできるようなものではなかったからです。今ならこう言うことができるかもしれません。もしわたしが二度とあの詩篇を耳にすることがなかったとしても、昨晩のあの感動を忘れることはけっしてないでしょう」

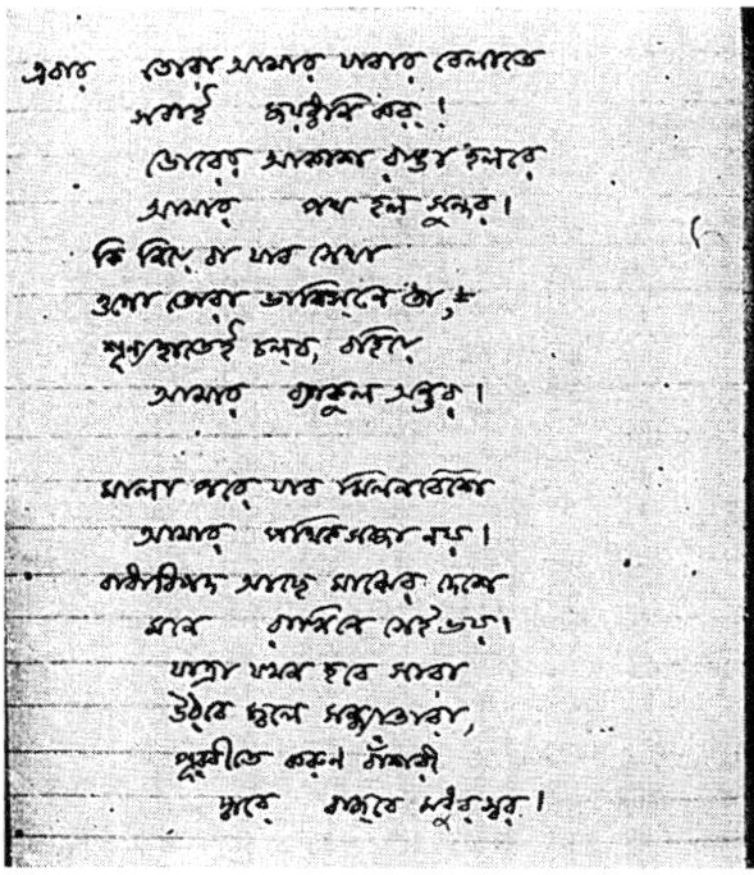

①オリジナルのベンガル語版『ギタンジョリ』草稿

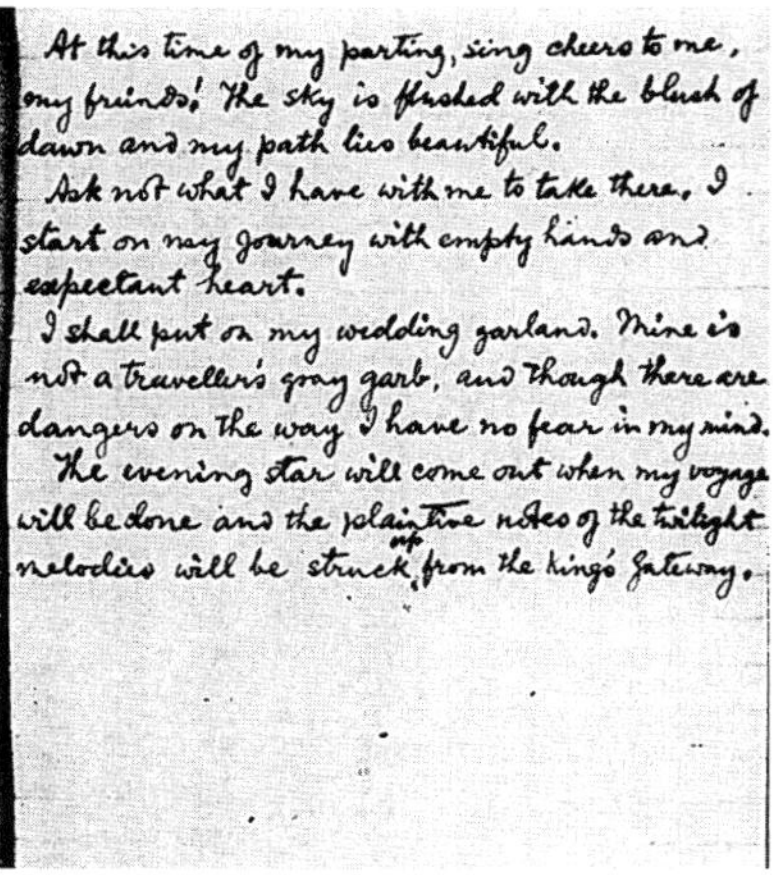

②英語版『ギーターンジャリ』草稿

『ギーターンジャリ』出版へ

七月の終わり、タゴールはロンドンを離れ、ローセンスタインの用意してくれた田舎家で、他の詩篇や戯曲の翻訳に取りかかった。イギリスに来て以来タゴールの英訳には弾みがつき、この状態は翌年帰国するまで続くのだが、これほどたくさんのものを英語で書いた時期はタゴールの生涯においてほかにはない。人々に賞賛されて自分の英語に自信を持ったのかもしれないが、英語圏に身を置くことで、この時期のタゴールは英語でものを書くことに慣れていったのではないだろうか。ともあれこの時期、詩人は次々と自作品を訳し、それらが『ギーターンジャリ』に続く『園丁』その他の英訳詩集に収められていくのである。

一方『ギーターンジャリ』は、イェイツの序文とともに印刷に回されていた。草稿がいったんイェイツの手を経たことで、これらの詩はイェイツによって手直しされたのではと邪推する向きもあったが、もともとのタゴールの「つたない（とも評された）」英語が大きく変えられたような形跡はないし、そもそも英詩人ではないタゴール作品の英語を詮索してもあまり意味はないだろう。『ギーターンジャリ』は最終的に予定よりだいぶ遅れてその年、つまり一九一二年の十一月にインド協会から出版されている。初版は七百五十部で、そのうち五百部が会員に配られ、わずか二百五十部のみが一般向けに販売された。にもかかわらず、出版直後から好意的な書評が相次ぎ、それに意を強くしたローセンスタインはマクミラン社とさらなる出版交渉に入る。

アメリカにて　当のタゴールはこのころ幸か不幸かイギリスを離れ、アメリカに滞在中であった。そもそも異国でのんびり過ごすつもりだったタゴールは、今となっては招待に忙殺されるようになったイギリスからさらに遠いところへ行き、今度こそ静かに過ごすつもりだったらしい。実際詩人は当初講演の依頼などが来ても、「英語で話すことに慣れていないから」と断っている。

しかしアメリカでも詩人は長い間無名のままでいることはできなかった。当時ロンドン在住で、すでにタゴールのもとを訪れていたアメリカの詩人エズラ・パウンド（一八八五〜一九七二）が詩人タゴールの名前をアメリカでも広めたのだ。パウンドは紹介文とともに『ギーターンジャリ』の詩篇を何篇かシカゴの「ポエトリー」誌に送っていた。自身も詩人であった「ポエトリー」誌の編者ハリエット・モンローはこれらを絶賛、詩篇はただちに掲載された。
タゴール自身の心境にも変化が見えてくる。一九一二年の暮れにはまだ「わたしはアメリカを発見しに来たのでも、アメリカに発見されに来たわけでもない」と私信に書いていたのだが、それと相前後してイリノイでおこなった講演が、タゴールにとってのはじめての英語による講演となったのだった。それに続いてタゴールはシカゴやボストンでも講演をこなし、そのほか各地で英訳された詩や戯曲（それらの多くはまだ草稿の段階であった）の朗読などもおこなっている。そのうちハーヴァード大学で行われた一連の講義は『サーダナー：生命の実現』として翌年単行本化され広く知られることになった。

相次いで出版された英訳詩集

こうして詩人は明けて一九一三年の四月にようやくイギリスに戻ってきたのだが、その間タゴール作品の出版を引き受けたマクミラン社が、すでに『ギーターンジャリ』のマクミラン版を世に問うていた。この本はたいへんな成功をおさめ、詩人を待ちかまえるイギリスの状況は前年とはおよそ違ったものとなっていた。成功に気をよくしたマクミラン社は、次々とタゴール作品の出版を計画する。詩人は『ギーターンジャリ』以降もイギリス滞在中に、あるいはアメリカでも翻訳を続けていたのだが、これらが早々と『園丁』（The Gardener）（一九一三）および『新月』（The Crescent Moon）（一九一三）のタイトルのもとに出版されることになった。

『園丁』の校正を引き受けたのは、イェイツと親しく、そしてイェイツに薦められてタゴールを知るようになった、詩人で装丁家のスタージ・ムーア（一八七〇〜一九四四）であった。タゴール本人はといえば、英語による第二詩集となるこの『園丁』の出版もみずからは目にしていない。すなわち『園丁』出版直前の九月、来たときと同じ唐突さで「ここでの仕事は終わった」として帰国の途についたのである。

四　ノーベル賞受賞

イギリスにおけるタゴールのイメージ　イェイツのタゴールへの情熱は遠からず影をひそめてゆき、イェイツに触発された感のあるエズラ・パウンドの情熱もまた、しだいに冷めていく。よくよく見てみると、これらの詩人とタゴールとの関係には奇妙なすれ違いがあり、ふたりともはじめそう見えたようにタゴールの賞讃者に終始したわけではなかったことがわかる。ふたりのうちではパウンドの方がまだしも「ポエトリー」誌への寄稿において、タゴール作品の分析をおこなっているのに対して、イェイツのタゴールへの見方はどこかノスタルジックで、自分の印象を語っているに過ぎないという評もある。いずれにしても、たしかに文学上の遭遇といえるものがここで起こったのかについては疑問の余地がある。

しかしそうした印象は徐々に一人歩きをはじめ、英語版『ギーターンジャリ』の持つ雰囲気や、「サーダナー」などの講演でタゴールが人々に与えた印象もあいまって、結果としてここにひとつのステレオタイプのイメージができあがっていく。当時のイギリスの新聞や書評には、幾度となく「聖者（saint）」「預言者（prophet）」「インドの神秘家（An Indian mystic）」といった表現があらわれているが、こうした呼び名は、およそ同じベンガルという地平にいるものにとっては、まったくの間違いとは言えないまでも、奇妙に限定されたイメージの産物であることは確かである。にもかかわらず、このイメージはいともたやすく日本を含めた世界中に広まっていったのだった。

世界に広がる『ギーターンジャリ』　一方イギリス文学界のこのベンガル詩人の発見は、さらに国境を越えてのタゴールの発見へとつながっていった。フランスでは『ギーターンジャリ』を読んだアンドレ・ジイド（一八六九～一九五一）がさっそくフランス語訳に取りかかっていたし、オランダでは著名な文学者であり詩人であるエーデン（一八六〇～一九三二）がやはり翻訳に取りかかり、スウェーデンでも翻訳が進みつつあった。タゴールの詩はこの時期、英語版『ギーターンジャリ』をきっかけとして、池に石を投じたときの同心円状の細波のように、言語を越えて広がっていったのである。

ノーベル賞受賞

そして同じころ、詩人のあずかり知らぬところでタゴールの名はノーベル文学賞の候補となり、選考が進みつつあった。そもそもノーベル賞の候補となるためには各国の権威ある組織から推薦を受けなければならず、イギリスの場合、王立文学協会（Royal Society of Literature of the United Kingdom）がその任にあたっていた。その年度はすでに、作家として重鎮の域に入り詩人としても認められていたトマス・ハーディー（一八四〇～一九二八）の推薦が決まっていたのだが、王立文学協会会員であったスタージ・ムーア、すなわちタゴールの『園丁』以降の校正を引き受けたムーアが個人名で推薦状を送ったのだった。タゴールについてほとんど知るところのなかった委員会は、とりあえずタゴールに関するリポートを作成することになる。結果的にはこのなにも知らなかったという状況がタゴールにとって有利に働いたようで、白紙の状態でタゴール作品を読んだ報告者はそれらを絶賛、タゴールをゲーテ（一七四九～一八三二）以来最も偉大な詩人とまで評価するに至る。徐々にタゴール作品を読んだ委員がほかの委員にも一読を勧め、こうしてはじめはタゴールを推す委員などいなかったにもかかわらず、最終的には圧倒的多数の支持を得て、タゴールの文学賞受賞が決定した。ちなみに同じ年度の候補者は二十八人、その中にはトマス・ハーディーのほかにも、のちにノーベル賞を受賞するスイスの詩人シュピッテラー

ノーベル賞受賞後のシャンティニケトンで

（一八四五〜一九三四）やフランスの哲学者アンリ・ベルグソン（一八五九〜一九四一）なども含まれていた。

タゴールの受賞は、「非白人にはじめてこの賞が与えられた」（New York Evening Post）ということでもあり、当時はなみなみならぬ衝撃が世界を駆け抜けたようである。急速に翻訳紹介が進みつつあったとはいえ、地元のベンガル人をのぞく世界の大部分の人々はタゴールの名前も知らなかったのであるから、おおかたの報道が困惑と誤解を伴ったものであったとしても驚くには値しない。そして当のタゴール自身も、賞賛とお祝いの嵐、そしてまた批判や邪推の嵐に困惑し、それがいったいどのような事態なのかを計りかねているようであった。すなわち第一の功労者と言ってもよいローセンスタインからのお祝いに答えて、タゴールは「このことをあなた以上に喜んでくれる人はいないでしょうが、これはわたしにとってはたいへんな試練になりそうです」と書き送っているのである。

ノーベル賞がどれほど権威あるものなのか、自分が受賞にふさわしい者かどうかなどの問いは詩人のかかわるところではなかった。そんな賞の存在すら、一年前には知りもしなかったのである。少なくともノーベル賞金やヨーロッパから入ってくるようになった印税はかなり危機に瀕していた学園の財政状況を好転させる役には立ったが、それと引き換えにこれ以後、自身の生活が根底から揺り動かされ、特に国外における「タゴール」がそれまでの自分自身とは別物になってしまうことを、詩人は予感していたに違いない。それにしてもちっぽけな翻訳ノートに端を発したこの世界的詩人の誕生は、単なる偶然の積み重ねが導いたものだったのだろうか、あるいはタゴールが世界に見出されることは必然だったのだろうか。確かなことはこのできごとがそれ以降のタゴール理解、特に国外におけるタゴール理解に決定的な影響を与えてしまったことであり、そしてこのとき以来ベンガルの内と外では、ベンガル人をして「この世にはふたりのタゴールが存在する」と嘆かせるほどのギャップが生まれてしまったのであった。

五　ふたりのタゴール

『ギタンジョリ』と『ギーターンジャリ』　「ふたりのタゴール」という表現は今日でもしばしば耳にする。それほどベンガル人は、非ベンガル人が本当のタゴールを知らず、理解していないと感じているわけだが、そのずれは似て非なるふたつの詩集、『ギタンジョリ』と『ギーターンジャリ』に象徴されていると言ってもいいだろう。詩人がオリジナルの『ギタンジョリ』を歌と呼び、英語版『ギーターンジャリ』を散文訳と呼んでいたことを思い出して欲しい。これらは同一の詩人による、しかし異なったレベルの作品群なのである。そのふたつの作品、歌とその散文訳はそれぞれをさらに日本語に移し変えるとたとえばこのようになる。

あなたの黄金の皿に今日
苦悩の涙を飾ろう
母よ　あなたの襟元に
真珠の首飾りを結ぼう

月も太陽もあなたの足元を
環となって包み込むよう
わたしの苦悩の首飾りは
あなたの胸元で輝くだろう

稲穂も富もあなたのもの
なにをなすかを　口にするのみ
与えたければ与えよ　わたしに
取りあげたければ　取りあげよ
苦しみ　わたしの家のそれこそが
まじりけなしの貴石とあなたは知る
そして恵みにてそれを買いあげる
それこそがわたしの誇り

（『ギタンジョリ』第十歌）

母よ、わたしはこの苦しみの涙で、あなたへの真珠の首飾りを編みましょう。

星々は光の輪となってあなたの足首を飾ります。でもわたしの贈りものはあなたの胸元を飾るでしょう。
富と名声はあなたからやって来ます。そしてそれを与えるも取りあげるもあなたしだい。でもこの悲しみはわたしひとりのもの。そしてわたしがそれをあなたに捧げるとき、あなたは恩寵をもってそれに報いてくれるでしょう。

（『ギーターンジャリ』第八十三歌）

これらを同じものと見るかまったくの別ものと見るかは、読むものの見方によるだろう。しかし詩作品として眺めてみるとき、やはりこれらは日本語訳した上でも（そしてここではほぼ直訳に近い『ギタンジョリ』の方は歌とはほど遠いものであるが、それでも）なお、とうてい同じものには見えないだろう。純粋に意味という点でも、特に最終行はおよそ違った印象を与えるものになっている。この違いは読者を混乱させるものだが、ベンガル詩人の書いたこれらの英詩集を、我々はいったいどのように捉えるべきなのだろうか。

タゴールの英詩集

タゴールは、はじめの英詩集『ギーターンジャリ』が同じタイプの詩でまとめられていたことを意識していて、その後の翻訳に際してはもっとさまざまなタイプのものを訳さなければならないと思っていたらしい。親しいものに語ったところによると、タゴールは自分が単なる神秘主義詩人と受け取られることにすでに不満を持っていたらしいのだ。とはいえこれら、『ギーターンジャリ』に続くほかの英詩集が、タゴール作品の本来持っている豊かなヴァリエーションを反映しているかどうかは別問題である。

これらの英詩集について、現代ベンガルを代表する詩人にして優れた評論家でもあるションコ・ゴーシュ（一九三二〜）の語ったことは示唆に富んでいる。彼はこう指摘する、すなわちいかにつたないものであれ、『ギーターンジャリ』はひとつのスタイルを持っていた。『ギーターンジャリ』は独立した英詩集としての価値を充分に備えている。ただし、それ以降の英詩集に関しては、タゴールはおそるべきパターン化の罠にはまってしまったと言わざるを得ない。おそらく『ギーターンジャリ』の予想外の成功を受けて、タゴールといえども母語ではない英語では同一のパターンから抜け出せなくなったのではないか、と。のちに詳しく述べるが、実に六十年あまりの詩作のキャリアにおいて、タゴールが同一のパターンに拘泥することはまったくなかったこと、つまりベンガル詩の世界では常にパイオニアであり続けたことを考えると、母語でない言葉でものを書く、ということはそういうことだったのかと納得できる指摘である。このことは、別の側面から眺めてみるとこうも言えるかもしれない。すなわち、ベンガル詩の世界では現実の詩人であり続けたタゴールは、英詩の世界ではいっときみずからの姿をあらわしたにせよ、以後単一のイメージをもって存在し続けることを余儀なくされたのである。

各国でのタゴール受容

ノーベル賞受賞以降の各国におけるタゴール受容は、もっぱらそれぞれの言語圏での紹介のありようによって異なってくる。フランスにおけるジイドやスペインにおけるヒメネス（一八八一～一九五八）のように優れた詩人が翻訳に携わった言語圏では（それらが英語版『ギーターンジャリ』からの重訳であったにもかかわらず）、その印象は長く人々に焼きついたようであるし、あるいはまた、それぞれの詩的情緒の相性ということもあるかもしれない。しかしそうした違いを考えに入れてもなお、「聖者」あるいは「神秘主義詩人」としての当初のイメージは日本をはじめとする各国で生き続け、今に至っても引き継がれていると言ってよいだろう。

タゴールはこれ以後、世界のほとんどあらゆる場所を訪れることになるのだが、それがまたしばしば不幸な滞在になってしまい、こうした訪問はタゴールやベンガル文学の真の理解につながるというよりもその反対の結果をもたらすことが多かった。これもイメージなるもののなせるわざとも言えなくもないが、そのありようのひとつを、一九一六年の日本において見てみることにする。

第二章　詩人をめぐる論争

～日本、そして異国でのタゴール～

ヴィーナを奏で　彷徨《さまよ》おう　歌をうたって
こうして旅をしよう　遠くを　外の世界を。
（『ギティマッロ』（一九一四）所収
一九一二年シャンティニケトンにて）

一　タゴールへの反感

岩野泡鳴の記事

大正五年すなわち一九一六年、六月十六日から十七日にかけての読売新聞に、岩野泡鳴（一八七三〜一九二〇）による「タゴル氏に直言す」という記事が掲載された。当時タゴールは初来日中であり、これは六月十一日の東京帝国大学での講演、そして十三日の盛大な歓迎会の直後に書かれたものである。

一昨年来かと思うが、君（タゴール）がわが国に俄《にわか》に評判になったように見えるのは、ただ新しいものを紹介してパンの種を得ようとする一部の翻訳家並に出版屋の所為に過ぎなかった。そして見識のあるもの等には君の詩並に思想に感服しているのは余り少ないようである。それは君の傾向がわが国の思想的傾向と余りに縁遠いからである。（中略）君の詩が本国に於いても音符に附せられて歌われるそうだが、神戸ででも君は得意に自作詩を歌って聴かせたと云う。然し音楽的に歌われるような詩は、詩としては、――殊に、仏蘭西表象派の詩を理解出来る標準から云えば、――どうせ碌な詩ではない。（中略）君の二回の演説を取りつめて見ると、その根本に於いて物質文明の否定と、精神生活の誤解と、思想若しくは生活を旧式固定化する悪傾向とがある。（中略）君は僕等の或時代と共に宇宙万物に「たましい在るを信」ずると云うことを以て東洋の文明並に絵画の特色の如く云った。然しそんなことは英詩人ワルズワルス（ワーズワース（一七七〇～一八五〇）のこと）の詩にでもあることだ。僕等がワルズワルス程度の思想を排斥するのは、理想派の大欠点なる架空抽象の有神論に満足する傾向を取らない為めである。刹那と流動とに内容、実質を見ないのは人生を空虚にする所以である。そして恰《あたか》も天外の一方に在るかの如き理想や精神（無論空虚にして固定な）へ人生その物を引っ張って行くのは、僕等には時代遅れである。（中略）最後に君、僕等のまた別な注意を受けよ――君の周囲には仏教家にせよ、画家にせよ、その他にせよ、時代遅れの旧式家どもばかりがつきまとってるようだ。そして君の訪問しに出る人々は、大隈伯の如き、原某氏の如き、政権家や富豪ではあろうが、碌に思想的修養もなく、現代の深い問題には殆ど全く無関係なものばかりだ。それで日本を知ったと思って帰ればおお間違いであろう。

（旧仮名使いおよび旧漢字はあらためた。以下の引用文も同様）

タゴールへの敵意

少々長くなってしまったが、ここには当時の日本の一種異様な雰囲気がよくあらわれている。まずあからさまとも言えるような敵意が目につく。そして奇妙な思い込みや誤解に基づく批判が並ぶ。岩野泡鳴のこの一文は極端に見えるかもしれないが、彼独特の言い回しや論の展開、または思い込みを差し引いて見てみると、これは当時タゴールに関して語られた言説の代表的なものであると言うことができる。もちろんだれもがタゴールに批判的だったわけではないので、あるいは代表的な批判と言うべきか。

それにしてもこの圧倒的なまでの反感は何なのか、ここではまず、はじめてタゴールが日本に紹介されたときの経緯から順を追って見ていくべきだろう。

二　タゴール紹介の始まり

初期の翻訳紹介

日本におけるタゴール紹介は、そのノーベル賞受賞を契機にしてはじまった。岡倉天心（一八六二〜一九一三）や河口慧海《えかい》（一八六六〜一九四五）のように、それ以前、すなわち一九一三年以前にタゴールを個人的に知っていた日本人もいたのだが、こうした人々はタゴール紹介にはたずさわっていない。一九一三年末にノーベル賞受賞が決定し、明けて十四年に正式授与されると日本でもぽつぽつとタゴールの紹介記事が出はじめる。最も早い時期にタゴール紹介の記事を書いたり翻訳を発表したりしたのは、内ヶ崎作三郎（一八七七〜一九四七）、吉田弦二郎（一八八六〜一九五六）、三浦関造（一八八三〜一九六〇）、増野三良（一八八九〜一九一六）といった人々であった。これらの人々は増野を除いてキリスト教系の雑誌「六合雑誌」にかかわっているクリスチャンだったが、「六合雑誌」は当初からタゴールにかなりの紙面を割き、翌十五年および来日時の十六年には特集号も組んでいる。一方増野は三木露風（一八八九〜一九六四）と親しい詩人で、当時、文字通り病身をおしてタゴールの詩の翻訳紹介につとめたが、タゴールの来日を待たずして亡くなっている。

単行本としてタゴールの翻訳があらわれるのは一九一五年（大正四年）になってからで、三浦関造による『森林哲学　生の実現』すなわち一九一三年のアメリカでの講演をまとめた『サーダナー』の翻訳がまず出版され、増野三良の『インド新詩集ギタンジャリ』がそれに続いた。三浦がほぼ同時期に『伽陀の捧物』と題して同じく『ギーターンジャリ』の翻訳を出版すると、増野は『ギーターンジャリ』につづく英訳詩集『新月』と『園丁』をそれぞれ翻訳出版した。この年、タゴール作品の翻訳はまさに出版ラッシュを迎え、この他にも『郵便局』や『暗室の王』などの戯曲も複数翻訳されたし、『タゴール傑作全集』のような本まで出ている。これらはもちろんすべて英語からの重訳であったが、英訳それ自体が出てほとんど間もないこの時期に、それもたった一年の間に大部分の作品が日本語訳されたのである。

タゴール・ブーム

実は、この翻訳ラッシュの背景には「タゴール・ブーム」なるものがあった。「タゴール・ブーム」のきっかけになったのは来日の噂である。一九一五年（大正四年）の四月ごろに近く来日するという話が出はじめると、まさに新聞、雑誌、そして出版界を席巻するほどのブームとなり、翻訳を上回る数のタゴール関連の記事や出版物があらわれる。このころ、丸善に入荷するタゴールの英訳本は飛ぶように売れたという。このブームは同年八月に来日が延期されると同時に下火になってしまうのだが、その間たった数ヶ月のこの「タゴール・ブーム」が日本におけるタゴール観を決定付けてしまったと言っても過言ではない。

当時の評論を概観すると、文学的な観点からのタゴール評はほとんど見あたらない。翻訳が英語からの重訳であったことと、オリジナルのベンガル語やベンガル文学について語れるものが皆無だったことを考えれば無理もない状況ではあるのだが、その代わりに哲学的、思想的な側面が強調されてしまったことは、詩人タゴールにとっては不運であった。「まずタゴールを詩人として捉えるべきだ」「詩人としてのタゴールが見えてこない」等の意見は散見するのだが、その問いに答えられるものはだれもいなかったのである。

ベルグソンとの比較

日本ではタゴールの少し前にベルグソン（一八五九〜一九四一）やオイケン（一八四六〜一九二六、ドイツの哲学者）が紹介され、こちらも少なからぬブームになった経緯から、これらの哲学者とタゴールを比較する向きも多かった。ベルグソンおよびオイケンは確かにタゴールとある種の親和性を持ち、また当人同士もそれを感じていたようである。ベルグソンがタゴールと同じ年度にノーベル賞の候補にあがっていたことは先にも述べたが、一九二〇年のヨーロッパ滞在のおりにタゴールはベルグソン本人と会見しているし、オイケンにいたってはタゴールのノーベル賞受賞以前の一九一三年のアメリカ滞在中にすでに親しく話しているのだが、その際オイケンは英語版『ギーターンジャリ』を絶賛したという。タゴール自身もこれらの哲学者に関心を持っていたらしい。であるから、タゴールからこれらの哲学者を連想するのはまったく故なきことではないのかもしれないが、タゴールを「東洋のベルグソン」と呼んだり、タゴールの思想とこれらの哲学者の思想を比較し、優劣を論じたりする論調はやはり的外れと言うほかない。

一九一五年のタゴール批判　こうした「西洋思想系」の論評に対して、インド哲学者や仏教系の宗教家はそれぞれの立場からタゴール思想を解説したりしているが、いずれの立場においても、繰り返し語られたのは「タゴールには新しいものはなにもない」ということであった。一般的にはタゴールの信奉者として知られる野口米次郎（一八七五〜一九四七）からして、そのはじめてのタゴール論「タゴールは畢竟《ひっきょう》陽明学のみ」において、タゴールの述べていることは陽明学にすでに見られるもので、そこには同じ東洋人であるわれわれには目新しいものはなにひとつないと語っているのである。

このとき、タゴールはノーベル文学賞という西洋に認められた称号を得たからこそたちどころに日本に移入され、一時は「ブーム」にまでなったわけだが、そのこと自体を苦々しく思う向きは少なくなかった。加藤朝鳥（一八八六〜一九三八）は「タアゴル流行に対する不満」で「タゴールを無批判で丸呑みする」思想界を批判しているが、その日本の思想界を批判するという文脈で「こう云う風にタアゴルが喧しくなって来た上から、僕は誰よりも先ず木村氏岩野氏等によってその果して亡国的である所以、たいしたものではなかろうと云う吟味をして貰いたい」と一足飛びにタゴール批判までしている。そしてこれらの批判ならざる批判、野口の「新しいものはない」や加藤の「亡国的」という言説は、翌一九一六年（大正五年）にタゴールが初来日を果たした際にそっくり繰り返されることになるのである。

三　タゴール来日

そもそもタゴールはなぜ日本にやってきたのか。タゴールが日本行きをはじめて口にするのは岡倉天心と知り合って間もない一九〇二年のことで、それはまだ海外においてタゴールが一定のプレゼンスを持つようになる前のことである。すでに述べたように、一九一一年ごろにもどこか外国にでも行きたいとして日本の名前もあがっていたのだが、結局その旅は翌年のイギリス、アメリカへの長い旅となったのだった。つまり、タゴールにとって日本行きは長年温めていた個人的な願望、単純に「行ってみたい」という気持ちにほかならなかったのだが、十三年のノーベル賞受賞がこの旅行を公的なものに変貌させていったのである。事実神戸に到着したばかりのタゴールは、インタビューに答えて「自分の習慣としては人里離れたところでひっそりと暮らすのが望ましく、したがってできるだけ滞在中も公式の場からは遠ざかっていたい」と述べているのだが、少なくとも当初は、これが詩人の偽らざる気持ちだったのではないか。

タゴール来日の目的

シャンティニケトンを訪問するガンディー

公人としてのタゴールとガンディー　もちろんタゴールはインド国内ではそれまでにも公人として少なからぬ役割を果たしてきたし、いつでも「人里離れたところでひっそり」していたわけではない。しかし国外でも公人としての役割を果たすようになったのは、まさにノーベル賞受賞後、あるいはせいぜい一九一二〜三年の長いイギリス、アメリカ滞在のころからで、ノーベル賞受賞後初となるこの海外旅行は、まさに私人としての旅が公人としての訪問に変貌していく過程でもあった。

　公人としての役割が増すということは、世界の情勢や時代の流れとのかかわりが増すということでもある。たとえばタゴールは一九一二年、例のローセンスタイン邸でのイェイツによる朗読会で、イギリス人宣教師アンドリュース（一八七一〜一九四〇）と知り合っているが（そしてこのアンドリュースは以後長きにわたってタゴールを助け、初来日の際にもタゴールに同行しているのだが)、このアンドリュースを通してガンディー(一八六九〜一九四八)と知り合い、来日直前の一五年にはガンディーとはじめて会見している。それに先立つ第一次世界大戦の勃発直前の一九一四年の前半ころ、タゴールは心落ち着かずやたらと居住場所を変えるという時期を送っていたのだが、同じ世界大戦がガンディーを南アフリカから帰国させ、行き場のなかったガンディーの仲間達のとりあえずの落ち着き先として、シャンティニケトンのタゴールの学園が用意されたのだった。ここから始まった二人の個人的な信頼と友情は生涯続く。そしてそれと同時に二人の公人としての政治的論争や対立も続くのである。

アメリカからの招待　こうした時期に、タゴールはアメリカから講演旅行の招待を受け取る。タゴールはただちに日本船を予約、アメリカへの途上で日本に立ち寄る手はずを整えた。詩人の心積もりとしては、アメリカはともかく日本旅行は私的な旅だったのではないか。しかしその日本では、タゴール来日の話が伝わると、本人の知らぬ間にたちどころにさまざまなスケジュールが組まれていったのである。

東大講演　一九一六年、大正五年五月二九日にタゴールは神戸にて上陸する。歓迎会や大阪での講演ののち六月五日に上京。十日に時の首相大隈重信と会談、さらに日本美術院での講演もこなし、翌十一日には東京帝国大学で「The message of India to Japan（日本へ寄せる印度のメッセージ）」と題する講演をおこなう。この講演の実際を垣間見せてくれる文章を引いてみる。

久しく憧れて居たタゴール先生は、帝大の八角講堂で、今日唯一回公業の為に講演をして下さると云う事であった。（中略）私はタゴールの事を聞いた時、其の詩を読んだ時、其の思想に触れた時、いみじう震えた。そして其のタゴールが来朝せらるる事を聞いた時、久しく海外に居た父の帰朝の報を受け取った時と同じ嬉しさを味わった。私と同じ様にタゴールに憧れて、其の温容を仰ぎたい、其の声咳に接したいと熱望して居た人が幾万あったか解らない。けれども入場券の発行は二千枚にも満たなかったと云う事で、私は唯其の一枚を得る為に数日前からどれ程気を揉んで奔走したかわからない。（中略）「日本の偉大なる理想をば、富士の嶺の四方に隠れ無きが如く、あらゆる人に漏れなく見せて貰いたい」と云う意味の言葉で、詩の様な演説を終わられた時、聴衆からは燃るが如き感情を込めた拍手が耳を聾する許《ばか》り鳴り響いた。（中略）私の心は夢の様な美しいもので満たされた様に思われた。なみなみと注がれた歓喜の杯、私は一滴も零さない様にそうっと持って、早く誰も居ない自分の室に帰りたかった。（早坂信子記）

これは「六合雑誌」における特集、「タゴールの印象と感想」に載った一文だが、タゴール講演

大阪朝日新聞 大正五年五月三十日（火曜日）

●タゴール氏來る

□茶色ベンガル服に□海老茶色の土耳其帽を戴き

□緒顔長髯自からなる哲人の風丰

◆花輪に飾られた印度哲人

■印度の詩聖

■憧憬の中心

■幽邃の地方

■想像も附か

■自筆の挿畫

■思索に耽つ

□お刺身の外は

■豆腐を味噌汁

■京都に興味

●公式請待

タゴールの来日を報道する当時の新聞記事（1916年５月30日）

の雰囲気をよく伝えていると同時に、最後の一文は三年前のローセンスタイン邸での朗読会に関するメイ・シンクレアの感想を彷彿とさせるものがある。

多忙な日々

一方のタゴールはあいかわらずの多忙を極め、翌十二日には日本美術院の招きで能を鑑賞し、十三日には上野の寛永寺での歓迎会に出席している。このとき、タゴールの動向は何を食べ何を見たかに至るまでまさに逐一新聞で伝えられ、また同時に新聞は人々の熱狂ぶりも伝えている。タゴールの乗った列車を群集が待ちかまえ、いっせいに万歳で迎えるなど、今日では考えられないような歓迎ぶりだったのである。

四　タゴール批判

知識人の反発

こうした人々の熱狂、そして関心の持ちように当時の知識人たちが冷ややかな目を向け、場合によっては危険視したことは想像に難くない。また首相が出席し学界人が詩人をとりまくかたちになった歓迎行事や、財界人である原富太郎氏宅（一八六八〜一九三九、タゴールが以前より知己を得ていた日本画家のパトロンであった）に滞在していたことにも反発がみられる。はじめに見た岩野泡鳴のコメントなどはまさにこうした背景のもとに書かれたものなのである。

タゴールの来日が突然に実現したせいもあり、文芸誌や総合誌においては来日後しばらくするまで主だった記事が見られない。この来日時には前年に続く第二の「タゴール・ブーム」が起こったという記述も見られるが、このとき、少なくとも知識人、文学者の間では、前年のブームの際に見られたタゴールを拒絶するという姿勢がそのまま引き継がれ、全体としてはじめから冷ややかなムードが支配的であった。歓迎の意をあらわしたのは、当初からタゴール紹介にかかわっていた人々を中心とするほんの数人で、それ以外の大多数の評を見る限り、その姿勢は一般の歓迎ムードとはおよそかけ離れたものとなっている。

東大講演への反応

六月十一日の東京帝国大学での講演が終わったあとで、ようやく先にあげた「六合雑誌」のほかに「新潮」と「新人」に特集記事があらわれる。このうち「新人」には東京帝国大学での講演に関する感想が集めてあり、それはたとえば次のようなものであった。

唯だ氏の云う所はどうやら科学を呪う様に聞ゆる所がある。氏の本意は、そこまで至らぬかも分らぬが、全体こう云うと、其様に聞えてならぬ。併し氏の性質を考うればどこまでも一個の詩人、山中独念の人、都会のさわがしき所に居るよりは寧ろ印度の森林生活を喜ぶ人のように思わるる。故に現代の文明に飽き足らぬ所があり、従って科学までも卻《しりぞ》けようとするのであろう。併し夫れはどうも時勢と逆行した態度である。日本の今日あるは欧州文明をとって我物としたと云う事に大関係がある。欧州の文明は科学の結果による故に、科学を卻けるは時勢と逆行する事になるのである。科学に逆行することも個人としてはよいが、社会国家の上からは随分危険な事である。

由来支那が進歩しなかった事は、重に科学の開けなかった事に原因する。科学が開くれば其結果、社会国家も発達して、各個人の目的を達するのに便宜となる次第である。印度が亡国となったと云う事も実にそう云う欠陥があったからである。

これは当時東京帝国大学哲学科教授であった井上哲次郎（一八五五～一九四四）のコメントである。井上哲次郎はドイツ哲学の専門家で、かの『海潮音』（一九〇五）にも参加し文学にも浅からぬ関心を持っていたはずだが、ここにもまた、「時勢と逆行する」「亡国」などのタゴールを拒絶するキーワードが頻出する。言い方はだいぶ穏やかだが、はじめに挙げた岩野泡鳴の論と本質的にあまり変わりがない。また先の岩野にしろ、この井上にしろ、その論にはタゴールを直接批判するというより、タゴールを信奉する一般の日本人を牽制するという啓蒙的な意図が見え隠れする。事実、井上は同じ講演についての別の文章で「氏の全体の態度よりして極端にそこに赴いて、科学を呪うものである様に思われる。少なくとも氏を聖者として崇拝するものをして、しか信ぜしむる充分の恐れがある」と述べている。

タゴール批判の背景

この講演でタゴールが日本批判をし、日本の知識人がそれに反発したというひとつの定説があるが、事実はそれほど単純ではない。講演の中にはたしかに当時の日本のありようを批判したと言えなくもない箇所はあるのだが、それに関してはたい

日本滞在中のタゴール

ていの知識人は、先の井上が「然るに氏の日本に対して勧告した様な事は固《もと》より日本の識者の疾《にく》に思って居る所であって、氏の勧告あると否とに拘らず、日本人の実行し得らるる丈《だ》けは実行することを怠らない点である」と述べたのに代表されるように、反発、反論というよりもむしろ「わかっていることを言われただけ」というような論調が主であった。それよりもむしろ目立つのは「タゴールの文明批評には賛成できない、または危険である」という論調であり、「タゴールの西洋と東洋を分けて考える二元論には賛成できない」という意見であった。

タゴールがいかなる文明批評をしたのかはいったん置いておくとして、第一次世界大戦のさなかにあってようやく「世界の一等国」になったと自負していたおおかたの知識人には、その日本を「一等国」たらしめた「文明」、というよりむしろ「西洋文明」をさまざまな角度から検討する態度は希薄であったし、また世界を西洋と東洋に分けて見る見方は、東洋にあって西洋の一員になろうとする日本のありように合致しないものだったろう。海老名弾正（一八五六〜一九三七、牧師）のようにかなりタゴールに好意的な人物でも、同じ東洋とはいえ日本とインドではおよそ違っていて、日本はむしろ独英仏のような国に近いとして「地理的に」二分する考えは共有できないと述べているし、同じくタゴールに好意的であった数少ない文学者のひとりである秋田雨雀（一八八三～一九六二）も「タゴールはいつでも人類の文明を精神文明と物質文明とに二分し、西洋文明は物質的であり、東洋文明は精神的であり、日本は両文明を調和させていると語っていた（中略）私はタゴールの文明を精神的、物質的と二分する方法にはどうしても賛成できなかった」と述べている。

文学者たちの反応

タゴールが詩人であることを考えれば、こうした論争はともかく、文学者の間でなんらかの反応が見られてもよいように思われるが、事実はまったく逆で、当時の作家や詩人たちはこれらの人々以上に冷ややかであった。先に挙げた「新潮」では「如何にタゴールを見る乎」というタイトルで当時の文壇の十八人の所感を集めており、また「六合雑誌」でも少なからぬ文学者が「タゴールの印象と感想」と題して一言述べているのだが、正宗白鳥（一八七九～一九六二）の「タゴール氏の著作は一字一句も読んでいませんから氏について感想を述べることは出来ません」、久米正雄（一八九一～一九五二）の「僕から云わせれば、郵便局や暗室の王なぞの作者に用は無いです」、夏目漱石（一八六七～一九一六）の「私は不幸にしてタゴール氏に面会の機を得ません。それから同氏の書いたものも読んで居りません。（中略）氏は多数の日本人よりも風采の点に於てはるかに立派なように思われます。其他に何の感想も有《も》ちません」、与謝野晶子（一八七八〜一九四二）の「タゴオル氏の著作を少しも読んで居りませんから何事も申し上げかねます」などそっけないものが目につく。この「読んでいないのでなんとも言えない」という言い方は、一見フェアなようでもあるが、それこそ西洋の文学者、たとえばトルストイやゲーテなどに関して同じように語れたかどうかを考えるとき、インドの詩人にしてノーベル文学賞受賞者であるタゴールをどのように扱ったらよいのかわからないというとまどいが見て取れる。

軽井沢で女子学生に講義をするタゴール（写真中央）

ひっそりと暮らす日々

東京帝国大学の講演後、タゴールは再び慶応大学で「The Spirit of Japan（日本の精神）」と題する講演をおこなったが、こちらはほとんど論評すらされていない。あたかも「タゴールの思想はたいしたものではない」といった見解が定着したかのごとくであった。こののちもタゴールは、九月初旬にそもそもの目的地であったアメリカに出発するまで日本で過ごす。しかし日本滞在の後半のこの時期においては、はじめの一ヶ月に見られたような公式行事は影をひそめ、故岡倉天心の五浦の家を訪ねたり、軽井沢の日本女子大寮を訪ねて女子学生と木陰で語り合ったり、あるいはのんびり箱根に滞在したりといった日々が続く。こうして皮肉なことに知識人たちから拒絶された詩人は、当初望んでいた「人里離れたところでひっそりと暮らす」日々を実現したのであった。

五　タゴールの文明論

タゴールの「西洋と東洋」

日本でなされたようなタゴール批判、タゴールその人や文学作品ではなくてタゴールの思想に対する批判は、詩人タゴールとしては不本意なものだったかもしれないが、それはひとり日本においてのみ見られた現象ではなかった。これらの批判は充分にタゴールの言わんとするところを吟味した上でのものとは言いがたいのだが、それでもこうした批判が繰り返されたということから、ここでタゴールの言う「東洋と西洋」、そして「文明批評」に関して若干の説明を加えておくべきだろう。

タゴールが「東洋と西洋」というとき、それがインド亜大陸を基盤とした視点であることを忘れるべきではない。おおざっぱにインドと呼ばれる地域においては、絶えず西方から人や文化が流入し、それらが混交してインドが作り上げられてきたのであり、さらにタゴールの生きた時代においては、いまだ不明確な統一インドのイメージの上にイギリス植民地政府のシステムが乗っかっているという状態だったのである。つまり、インドにおいては常に東洋と西洋は混在してきたとも言えるわけで、その意味において、タゴールの言う東洋と西洋とは、実際の国々よりもむしろ東洋と西洋という二つの対極的なイメージを指すと考えたほうがよい。そのことを念頭において、その名も「東洋と西洋」と題する講演の一部を読んでみる。

インドの歴史の目的とするところは、ヒンドゥーあるいはそのほかの支配権を打ち立てることではなく、人類にとってのある特別の成就を成し遂げることである。その成就とは、万人にとって利益となるはずの、ある段階の完成である。その成就の過程において、ヒンドゥーやムスリムやイギリス人がそれぞれの個性の攻撃的な部分を失わなければならないとしても、それはそれぞれの国民的な誇りを傷つけることにはなるかもしれないが、真実の尺度や人間の権利においては少しも損失とは見なされないであろう。(中略) 今日のインドは法律や風習において、宗教や社会の制度において、あらゆる点で自分自身を偽ったり辱めたりしている。それゆえにこそ、われわれの国における東洋と西洋との会合が充分に遂げられないのである。接触をしてもただ苦しみを生み出すだけなのである。たとえわれわれがなんらかの手段でイギリス人を押し出してしまったとしても、この苦しみは依然として残るであろう。これがなくなるのは両者のあいだで内面的な調和が遂げられた時である。その時こそ、東洋と西洋とが、国と国とが、民族と民族とが、知識と知識とが、努力と努力とが、インドにおいて結合するのである。（蛯原徳夫訳）

ここに見るようにタゴールは東洋と西洋をある種のイメージの対極ととらえていたのみならず、その二つは対立的ではなく相互補完的なものと考えていた。そしてその補完的な両者が他ならぬインドで結合し、より完成されたレヴェルに歴史が進むことを望んでいたのである。言うまでもなくこれは概念上のことであって、ものごとを現実に沿って考えるとき、やはり東洋と西洋は実際の西洋諸国とそれ以外の国々の対立として立ちあらわれてくるのだし、タゴールもそのように「東洋と西洋」という言葉を使っていることも、もちろんある。この同じ言葉の異なるレヴェルでの用い方が、ある種誤解を呼ぶ部分であったとも言えなくはない。

タゴールの「文明」

「文明」に関する言及についても、これと同じようなことが言える。「文明」は「西洋と東洋」以上に概念上の語彙であり、そのイメージするところも曖昧になりやすい。タゴール自身、この「文明」という語彙の持つ曖昧さに気付いていたようで、中国における講演では次のように述べている。

「文明（civilaization）」という語はヨーロッパの言葉であって、わたしたちはまだ、ほとんどその語のほんとうの意味を考えようとしたことはありませんでした。（中略）ごく最近になって、西洋人が文明について語るときに言わんとすることを、わたしたちはほんとうに理解しているのだろうかと疑問に思いはじめたのです。そして「その言葉は、わたしたちにとって人間の完成の概念を意味する、わたしたちの国語のある語と同じ意味を持っているのだろうか」と自問しています。文明というのは、ただたんに、わたしたちがすばらしいものに思っている、ある特定の形態や傾向をたまたま持ち合わせた諸々の事象の総計ではありえない。それは、わたしたちが「完全」に至ろうとしてわたしたちの社会で発展させてきた、ある指導的な精神の力の表出でなければなりません。

（森本達雄訳）

これがタゴールの考える「文明」であって、このような文脈でタゴールが文明を否定することはあり得ない。ただしタゴールが個別の文明やそれらのある特殊な傾向を語るとき、それは往々にして自身の考える真の文明とは異なるいわばバランスを欠いたような状態を意味し、真の文明と照らし合わせてこれらを批判するという視点が生まれるのである。

ここに挙げた「文明」などの、しばしば理想として語られる概念上の語彙と個々の実態を指し示す語彙を区別した上で原稿を読めば、議論の混乱や各種の誤解は避けられるようにも思えるが、タゴールの独特な語り口、「詩的」とも称された講演のスタイルが、それらを明確に区別し、みずからの言わんとするところを有無を言わせぬかたちで提示するのを妨げているとも言えなくもない。

六　不幸な滞在

タゴールの海外講演

タゴールの講演が当時すべて不評だったわけではないのだが、一般に「人間の宗教」などの哲学、宗教系の講演より、「ナショナリズム」のような政治、社会系の講演の方が不評をかこつことが多かったのは、このような言葉の使い方やタゴール独特の論の展開によるところもあるだろう。事実、タゴールの講演、特に英語による講演が「曖昧でわかりにくい」という批判は日本以外の場所でもたびたび聞かれたし、一九一六年の日本滞在ののちにおこなわれたアメリカでのナショナリズムに関する講演も、その反応は芳しくなかった。

また当然ながらこうした講演や滞在に対する反応は、ときの政治情勢や国際情勢に左右されることも多かった。タゴールが各国で講演をしたこの時期は、第一次世界大戦と第二次世界大戦のはざまの激動の時代でもあり、そうした複雑な世界情勢に詩人が巻き込まれることも少なくなかったのである。たとえば一九二〇年のイギリス訪問の際には、その前年のアムリットサルの大虐殺

（一九一九年、パンジャブのアムリットサルで平和裏に集会を行っていた市民に対してイギリス軍が無差別発砲し、多数の死傷者を出した事件）に抗議してタゴールがナイトの称号を返還したことが批判され、その前の滞在（タゴールをノーベル賞受賞へと導いた十二年から三年の長い滞在）のときとは一変して冷ややかな対応をされたこともあるし、一九二四年の中国滞在と講演も大成功とは言いがたく、その複雑な政治勢力も相まって各方面から批判を受けている。

イタリア滞在

最も大きな問題となったのは一九二六年のイタリア滞在で、このときタゴールはムッソリーニの肝いりでシャンティニケトンの学園に送り込まれた二人のイタリア人学者、フォルミチ教授とトゥッチ教授の招待を受けてイタリア入りしたのだった。イタリアでは政府をあげてタゴールを歓迎、ムッソリーニ自身もタゴールの講演を聞きに行ったほか、国王もタゴールと会見し、タゴール戯曲のイタリア語版やタゴール・ソングのイタリア語ヴァージョンが披露されるなどの歓待ぶりだったのだが、その一方でタゴールの講演はファシスト政権を支持しているかのごとく書き換えられて発表されていた。この事態を憂慮した数年来の盟友ロマン・ロラン（一八八五〜一九七二）は、タゴールをスイスのヴィルヌーヴに招き、イタリアから亡命してきた知識人などにも会わせて「イタリアで何が起こっているのか」を説明した。結局タゴールはファシスト政権を非難する釈明の記事を書くことになるのだが、これに対してイタリア側からも反発の声があがり、最終的にこのイタリア滞在は惨憺たるものになったのだった。

タゴールの交友関係

　このイタリア滞在のみならず、タゴールの交友関係に関する批判もしばしば聞かれるところである。日本でもそのとりまきが批判されたことがあったが、同様なことはあちこちで起こったのだった。たとえばドイツにおいても、タゴールは以前から知己を得ていたカイザーリング（一八八〇〜一九四六、ヘルマン・カイザーリーグ。作家のカイザーリーグとは別人で、一九二〇年にドイツのダルムシュタットに「自由哲学会」および「智慧院」を設立した人物）を中心とした交友関係を持ったが、カイザーリングはみずからの関心ともあいまってタゴールをほとんど哲学者のように扱い、ドイツの文学者と交流を持たせる必要を感じていなかったようである。

　一方でタゴールの方も、同時代の世界の文学者に対して強い関心を抱いていたとは言いがたい面がある。たとえばイェイツやパウンドとの関係は一方通行で、タゴールの方が両者の作品に関心を持った形跡はないし、一時代前に活躍したボードレール（一八二一〜一八六七）や、やや年下のエリオット（一八六四〜一九三二）にも批判的だった。タゴールに強い関心を寄せ、翻訳までしているスペイン詩人のヒメネスに対しても概して冷淡だったことが知られており、これらの事例は多くの研究者や読者を困惑させてきた。こうしたタゴールの文学的傾向についてはのちにまたあらためて触れるが、当然ながらこうしたありようは諸外国におけるタゴール受容の妨げになることはあっても、およそ助けになることはなかった。

日本の文学者とタゴール

文学者同士の関係が欠落しているというのは、日本においても同様であることは先に見たとおりである。当時の日本においては、突然の熱狂や反感が渦巻く中で、素直にタゴール作品を読む環境は得られず、当初の単純な「タゴール・イメージ」をくつがえすほどのタゴール作品への真摯な取り組みはなされないままに残されてしまったのである。その状況を嘆いた有島武郎（一八七八〜一九二三）の一文を引いてみる。

余り軽佻《けいちょう》な文壇の推賞と扇動とに反感を催してタゴールの作品及び氏に対する評論は一字も読まずに今日まで過ごして来ました。こんな事が私の無知を justify する理由にならない位は知って居ます。然しノーベル賞を得る前の氏が隠れ、得た後の氏が現れると云うような事実は確かに不愉快な事の一つです。私はもっと静かな心でこの人を味識する日の来る事を待ち望むものの一人です。

この一文が書かれてから百年近くが経つ。タゴールをめぐる熱狂や喧騒は、今日では単なる過去の一ページに過ぎなくなっている。これを単なる無関心でなく、「静かな心でこの人を味識する日」とするために、次章ではまず、イメージではない、現実に生きたタゴールを振り返ってみることにする。

第三章　黄金のベンガル

～少年タゴールから教育家タゴールへ～

からっぽの河岸に
わたしはひとり残される――
持てるものをすべて　黄金の舟は持ち去った。
（『黄金の舟』（一八九四）所収
一八九二年シライドホにて）

一　コルカタ

三つの場所

詩人はしばしばその居場所を変えた。そして世界のあちこちを旅した。ノーベル文学賞受賞以降、タゴールはありとあらゆる国や地域から招待を受け、可能な限りそれらに応じた。ヨーロッパで最も長い時間を過ごしたのはイギリスだが、ヨーロッパ大陸も東欧や北欧を含めてかなりの地域を訪れているほか、エジプトや建国まもないソビエト連邦、または日本、中国、東南アジアから、北アメリカのみならず南アメリカまで訪問している。七十歳を過ぎてからもイラン・イラクを訪問し、このときを除くほとんどは船旅であったから、旅は常に長期にわたった。もちろんタゴールはインドのたいがいの地域に足を踏み入れているし、スリランカにも何度か滞在したことがある。

その詩人が帰るべき場所はベンガルであった。詩人はベンガルに生まれ育ち、常にベンガルとともにあり、最終的に戻る場所もベンガルにあった。このベンガルという土地、ほとんどがガンジス川とブラフマプトラ川のデルタ地帯で占められる肥沃な大地は、現在ではインド共和国内西ベンガル州とバングラデシュ人民共和国に二分されているが、タゴールの生きた時代には、そこはただべンガルであった。

そのベンガルの中でタゴールが特に強い愛着を持っていたのは、この三つの場所であろう、すなわち詩人が生まれ育ったコルカタ（旧カルカッタ）、タゴール家の領地のあった土地で、はじめて本格的な農村暮らしを体験したシライドホ（現バングラデシュ国内）、そして詩人が終生熱意を持ち続けた学園作りの舞台となったシャンティニケトン（現西ベンガル州内）である。

コルカタという町

詩人タゴールはコルカタに生まれた。コルカタはまさに近代インドの落とし子と言ってもよい特異な町で、インドのほとんどの都市が太古の昔からの遺産をかかえているのとは対照的に、ほんの三百年ほどの歴史しか有していない。十七世紀の後半に至るまでこのあたりにはいくつかの村があるに過ぎなかったが、この地にイギリス人が商館を建てたことからその様相はがらりと変わることになる。コルカタの名はここにあった村のうちのひとつ、カリカタを継承したものと言われるが、その南北にあったスタヌティ、ゴビンドプルをあわせた三つの村をイギリスに貸与されたのが、コルカタの始まりである。コルカタは、はじめイギリスにとって商業の根拠地であり、のちにはイギリス領インドの政治的拠点となっていく。発展に伴いコルカタは、インド人商人やその他の仕事を請け負うインド人、そしてのちにはインド人法曹関係者まで が暮らす混沌とした町になっていく。こうした成り立ちからこの町は、そもそものはじまりから

1860年代のコルカタ

コスモポリタン的な性格を持ち、この町の住人も、少なくとも当初は伝統主義的というより冒険心に富み進取の気取りに満ちたインド人（必ずしもベンガル人とは限らない）が中心となっていた。詩人タゴールが生まれたころ、この町はすでにかなりの人口をかかえ、中産階級と呼ばれる層も生まれていた。

コルカタに生まれる

詩人タゴール、本名ロビンドロナト・タクル（タゴールはタクルの英語訛り）は、一八六一年五月七日、コルカタで生まれた。ベンガル暦ではボイシャク月二十五日、真夏の盛りである。父デベンドロナト・タクルは四十四歳、母シャロダ・デビは三十五歳（推定）、十四番目の子にして八男であった。

タゴール家

詩人の生まれついたタゴール家は、そのはじまりからコルカタの伝説と分かちがたく結びついている。そもそもベンガルという土地はヒンドゥー的秩序の周縁に位置してきたのだが、中世のある時期にそうしたありようを立て直すために西方から由緒正しき五人のバラモンが招かれたと伝えられている。タゴール家の祖先はこの五人のバラモンのうちの一人であるとされ、それに従えばこの家系はヒンドゥー教徒としての序列の頂点に位置することになる。ところがムガル帝国時代に、牛肉の匂いをかいだ、つまり禁をおかしたことで、この家系はバラモン世界から脱落してしまう。そのような家の子女にとっては結婚相手を探すのが難題となって立ちふさがるが、その問題の人物とあえて結婚したジョゴンナト・クシャリなる若者の男系の子孫が、タゴール家の直接の祖先であるとされている。

そのタゴール家の創始者、ポンチャノン・クシャリは穢れたバラモンであることを逆手に取って、十七世紀の終わりごろにくだんの三つの村のうちのひとつ、ゴビンドプルに住み着き、イギリス人相手の商売で財を築いていった。この村にはもともとバラモンなどいなかったので、一家は村の人々から「タクル」つまり「バラモン様」と呼ばれるようになり、イギリス人をはじめとする外国人がこれを苗字と思い込んだというわけである。であるから、「タクル」は本来この家系をあらわす苗字ではない。しかしその「タクル」を苗字として使ってしまうところにこの一族の性格がよくあらわれている。

バラモンであってバラモンではない、こうしたありようはタゴール家にずっと受け継がれてきた。詩人タゴールも自らをブラット（ヒンドゥー的秩序から脱落したもの）と呼んだが、このようにみずからを規定することで、タゴール家の人々はヒンドゥー社会の厳しい規範から自由であれたし、その自由を最大限に活用して実力でその地位を勝ち取っていったことを密かに誇りに思っていたとしても不思議ではない。詩人タゴールより八歳年下のガンディー（一八六九～一九四八）は、イギリス留学に際して海外渡航に反対する保守派によりカーストからの追放処分を受けているが、タゴール家においては詩人タゴールの祖父、ダルカナトがすでにヨーロッパを訪れていた。詩人の育ったころのタゴール家においては、海外渡航はヒンドゥーとしての禁を犯す一世一代の大冒険ではなく、奨励されるべきひとつのオプションだったに過ぎない。

ジョラシャンコにある邸宅

祖父ダルカナト

詩人の祖父、ダルカナト（一七九四～一八四六）の時代にタゴール家の商売は頂点を極め、一家は隆盛を誇った。彼はコルカタの中心部ジョラシャンコに壮大な邸宅を建てたが、今はその建物はない。その隣接地に立つ別の邸宅（こちらもかなり巨大な建物で、現在はロビンドロ・バロティという名の大学および詩人の記念館となっている）で詩人は生まれたのである。

ところで「プリンス」と呼ばれた詩人の祖父は、単にビジネスにたけ、貴族的な趣味を身につけていただけではない。当時のコルカタで続々と立ち上がりつつあった、図書館や大学などの文化的あるいは社会的な組織の主要な後援者でもあり、また近代ベンガル、ひいては近代インドの要とも言える役割を果たした宗教社会改革者のラムモホン・ラエ（一七七二〜一八三三）の親しい友人でもあった。

父デベンドロナト

このうち、ダルカナトの長男、すなわち詩人の父、デベンドロナト（一八一七〜一九〇五）に多大な影響を与えたのはラムモホン・ラエとの交流であった。デベンドロナトは実質的には父や父のビジネスではなく、このラムモホンの後継者となったのである。もっともその父の切り盛りしていた「タゴール・カー商会」は、ダルカナトが亡くなってみると債務超過であることが判明し、倒産の危機に瀕していた。タゴール家は広大な土地も所有しており、会社が倒産してもその経済的基盤は保たれたが、タゴール家のビジネスはここに終わりを告げることになる。

モホリシ（大聖）とも呼ばれるデベンドロナトは、極端と言えるほどにその父とは気質を異にしていた。ごく若いころには贅沢きわまる日々を送っていたが、ある種の神秘体験をきっかけに、その関心は神秘的哲学的な分野に大きく傾いていったのである。デベンドロナトは瞑想や聖典類の研究にかなりの時間を費やし、みずから率いていた宗教組織とラムモホン・ラエが創設しその死後は停滞していた「ブランモ協会」を統合再編する。この新しいブランモ協会は、きわめて原理主義的な性格を持ったヒンドゥー改革派の組織であると言える。ラムモホンおよびデベンドロナトの宗教観に基づき、唯一神信仰（唯一神とされたのは長らくヒンドゥー教では省みられていなかったブラフマンであった）を前面に押し出したこの協会は、通常リチュアル・ベースであることの多い正統派ヒンドゥーと真っ向から対立し、偶像崇拝を強く否定、カーストも否定した。

以後タゴール家の性格は、このブランモ協会のありようと密接に結びついたものになっていく。デベンドロナトによってその性格をがらりと変えたかに見えるタゴール家だが、しかしこれは別の意味で先祖伝来のタゴール家らしい選択であったとも言える。すなわち、バラモンであってバラモンではないタゴール家のありようを別の側面で発展させたとも言えるからである。

そしてこのデベンドロナトの実質的な末子（この後にもう一人子供が生まれたが、ほどなく亡くなった）、ロビンドロナトすなわち詩人タゴールは、コルカタを、そして近代ベンガルを牽引してきたごとくのタゴール家の総決算と言えるような存在となった。もっとも詩人がその真価を発揮するのは四十代以降のことで、若かりしころはむしろ、華々しい存在である兄たちに比べて地味な存在ではあったのだが。

次兄ショッテンドロナト　デベンドロナトの八人の息子たちはそれぞれに優秀かつ個性的であったが、そのうちロビンドロナトがとりわけ深い関わりを持った人物を挙げると、次兄シヨッテンドロナト、三兄ヘメンドロナト、五兄ジョティリンドロナトあたりになるだろう。

次兄のショッテンドロナト（一八四二～一九二三、詩人タゴールより十九歳年長）は、末っ子ロビンドロナトの生まれた翌年にイギリスに留学、二年後にインド人初のＩＣＳ（高等文官）となって帰国した秀才中の秀才であった。詩人タゴールものちにイギリス留学を命ぜられるのだが、そのときに付き添ったのもこの兄である。ショッテンドロナトは仕事上インドのあちこちに赴任したが、留学に際してもタゴールはまず、当時アーメダバードに滞在中の兄のもとで英語の手ほどきを受けてから、そのままこの兄に連れられてイギリスに渡っている。その後もコルカタ市内のショッテンドロナトの家に同居したり、あるいはその任地であるボンベイ管区について行ったりと、ロビンドロナトは結婚してみずからの家庭を持つまでのかなりの時間をこの兄や兄の家族と過ごした。実家のタゴール家、すなわちジョラシャンコの邸宅は、かなりの大家族であったから（単に兄弟が多いだけではない、兄弟たちは基本的に結婚してもジョラシャンコの本宅に同居、あるいは家庭の基盤を置いていたし、タゴール家においては娘婿までが同居していた。もちろん使用人の数もかなりのものになる）、この兄の家においてロビンドロナトは、今日的な意味での家庭的な味わいを知ったのかもしれない。この兄の子供たち、つまりロビンドロナトにとっては甥になるシュレンドロナトと姪のインディラは、終生詩人と親しかった。

三兄ヘメンドロナト　三兄ヘメンドロナト（一八四四～一八八四、詩人タゴールより十七歳年長）はずっと地味な存在だが、末っ子の教育に携わったという点で少なからぬ役割を果たしている。ロビンドロナトはすぐ上の兄のショメンドロナト（一八五九～一九二二、詩人タゴールより二歳年長）と甥のショットプロシャド（一八五九～一九七〇、長姉の息子。同じく二歳年長）とともに学業をはじめたが、家庭における教育プログラムを作成したのはこの三兄であった。ヘメンドロナトは科学、歴史、地理、サンスクリット語、ベンガル語、英語、音楽そして体育に至るまで目配りし、各々家庭教師をつけたが、この兄が基本的にベンガル語、つまり母語で教育を授けることに心を砕いたことは詩人にとって大きな意味を持った。当時の学校はすべて英国式で、すなわち学校へ行くということは英語で教育を受けることを意味していた。であるから、当時は学校とのかかわりが増すにつれ母語であるベンガル語から切り離されてしまう可能性もあったわけだが、詩人タゴールの場合はこの兄のおかげでそのような心配からまぬがれたのである。もっとも詩人は学校では完全な落ちこぼれで、小学校を転々とした挙句に最終的にはセント・ザビア・スクールで進級かなわず退学、十四歳のこのときを最後に学業は中断し、イギリス留学も学業という点では中途半端なままに終わっている。幼い日のタゴールがかくも成績不振であったのも、それが英語による教育であったところが大きいと考えられている。事実、詩人はその『回想』において、意味不明の英語の歌をうたわされたりした苦痛などを語っている。のちに詩人は自身のこの体験に基づいてみずから学園を作ることを思い立つわけだが、その理念のひとつは「母語による教育」であった。

五兄ジョティリンドロナト 五兄ジョティリンドロナト（一八四九〜一九二五、詩人タゴールより十二歳年長）は破滅的なほどに多才な人物であり、幼い日の詩人がこの兄に魅せられていたことは間違いない。ピアノを弾きながら作曲し、戯曲を書いたこの兄は、それらを末っ子に手伝わせることによって創作の現場を共有させた。またこの兄には突如として政治活動に関心を持ったりビジネスに乗り出したりという予測のつかないところもあった。さらにジョティリンドロナトの妻カドンボリ・デビ（一八五九〜一八八四）はロビンドロナトと年も近く、詩人にとって特別の存在となった。結婚前のロビンドロナトはこのジョティリンドロナト夫妻ともしばしば同居している。カドンボリは詩人の結婚後自殺を遂げてしまうが、この義姉など女性たちについてはのちにあらためて取り上げる。

ショッテンドロナト（上）とジョティリンドロナト（下）およびカドンボリ・デビ（右）

少年から青年へ

末っ子ロビンドロナトは、このようにコルカタのジョラシャンコの家を基点としながら次兄や五兄の家を転々とし、そしてイギリス留学を経て大人になる。文才については並々ならぬ力量を持っていることを周囲から認められていたが（しかし文才というなら兄たちにも備わっていたし、この時点ではまだこの末息子が傑出して後世に名を残すとは考えられていなかった）、その他の点では特にぱっとせず定まらないロビンドロナトに対して、父は結婚の手はずを整える。こうしてロビンドロナトは一八八三年の暮れ、二十二歳にしてムリナリニ・デビ（一八七三〜一九〇二）と結婚し、はじめて責任ある立場に立たされることになった。

父が次に命じたのは、タゴール家の領地のひとつ、シライドホでの管理の仕事であった。詩人タゴールは学業こそ振るわなかったが、その他の点では常にこの父の良き息子であり、父の意向に添わないなどということは、みじんも考えられなかったようである。もっとも他の息子たちに関してもすべからく良き息子であったと言えるし、それだけこの父が絶大な信頼を得ていたということでもあるのだが、ともあれ、こうして詩人タゴールの第二の故郷、シライドホでの生活が用意されたのであった。

二　シライドホ

シライドホでの「事業」

本格的に領地管理の仕事を任されるようになったのは三十歳を越えてからのことだが、タゴールは自分なりのやりかたでこの仕事に真剣に取り組んだ。ただ領地を管理するだけでは飽き足らず、農村開発のさまざまなプロジェクトを実行に移していきさえした。農業を本格的に改革するには専門知識が不可欠であると感じ、詩人はみずからの長男、ロティンドロナトをアメリカに留学させるのだが、タゴールの関心は村の生活全般へと広がり、農業以外の村の産業を発展させるための計画をはじめ、病院の設置や初等教育の普及などの福祉面までを含めてその新規事業ないし計画には限りがなかった。それらのうちいくつかは実を結び、またいくつかは失敗に終わることになる。シライドホに隣接するクシュティアでの事業についてては前にも触れたが、タゴールはここに繊維工場およびビジネス・センターを作ろうとして失敗、多額の負債をかかえたのだった。

このような破格の地主《ジョミダル》であったものの、あるいはそれだからこそ、村人のタゴールへの信頼は篤く、それらは実際のところタゴール個人への愛情とも取れるものだったようである。それを垣間見させてくれるある人物の証言を引いてみよう。

地主として

五、六年前のことだが、わたしたちはクシュティアの駅から舟でヒジュラボトの村に向かったことがある。船頭はかなり年配で、家はどこかと尋ねると、「タゴールの旦那の領地にある」とのことだった。わたしはがぜん興味を持って、タゴールを実際に見たことがあるかと尋ねた。詩人の名が出るや船頭の顔がぱっと輝き、こう言ったのだった。「ええ、もちろん見ました。うちの村に何遍も来たのを見ましたよ。あのお顔！　人間というより、神様みたいでね！　あんな人にはもう二度とお目にかかれませんね。それにとにかく優しくってね！　なんでも望むことがあったらまっすぐあの人のところに行ったもんですよ。だれも私らを止めたりできなかったんです。だれでも自分のところに来られるようにとあの人自身が命じていたものでね。困ったことでもなにか話そうものなら、すぐさまなんとかしてくれましたね」（中略）あとになって詩人にこの話をすると、とても喜んでこんな話をしてくれた。「彼らは本当に私を慕ってくれたよ。年端もいかない若造が生まれてはじめて領地管理の仕事をはじめたわけだが、あの頃いた年老いたムスリムの小作人のことを思い出すよ。ある年、収穫がひどく落ち込んでね、小作人たちが地代の支払いを待ってくれるようにと言いに来たんだ。わたしは本当に悲惨な状況だとわかっていたしね、可能な限り支払いを免除しようと言ったんだ。小作人たちは喜んでね、ところがそのムスリムの老人がわたしに言うんだ。『これだけの金額を免除してしまうなんて、大旦那様はお怒りにならないですかね？　あなたはまだお若い。よく考えてからお決めになった方がいいんじゃないですか』ってね。あの老人は私が兄たちに叱られやしないかと心配してくれたんだ」

タゴールの性格によるところなのだろうか、ほとんど牧歌的と言ってよいようなやりとりである。それはともかく、今日の読者にとってなおいっそうの興味を惹くのは、このシライドホという土地が詩人タゴールにとっていかなる意味を持っていたかということだろう。その後半生においてはシャンティニケトンという第三の、そして最終的な故郷を得て、シライドホを訪れることが少なくなったとはいえ、この土地は詩人にとって特別な場所であり続けたようである。晩年になって体調を崩しがちであったタゴールが「もう一度シライドホに行けたら……」とつぶやくのを聞いた人もいる。

タゴールにとってのシライドホ　事実、詩人は悲しみに暮れたときや体調を崩したときに、しばしばシライドホに引きこもった。妻と娘を次々に亡くしたあとで、残った子供たちを連れ

シライドホにある邸宅

てしばらく静かに暮らしたのもシライドホだし、ベンガル分割令を受けた政治運動の高波から身を引いて引きこもったのもシライドホであり、末子を亡くしたあとで二人の娘を連れてやってきたのもシライドホであった。体調を崩してイギリス行きを中止せざるを得なくなったときに静養したのもこのシライドホであり、この地で詩人が自作の詩の英訳に取りかかり、それが英語版『ギーターンジャリ』になったことは前にも述べた。

とはいえ、シライドホは詩人にとって単なる隠遁場所であったわけではない。のちの世代の多くの詩人や作家たちが農村部からコルカタを目指したのとは逆に、シャンティニケトン暮らしを含めてタゴールは、コルカタから農村へと向かったわけだが、それは単純に田舎暮らしを志向したためではなかった。もっとも純粋に生活面だけで見れば、タゴール幼少時のコルカタにはトラム（路面電車）もバスも車もなく、電気、ガスはおろか水道もなかったので、農村での生活もさほどかけ離れたものではなかったと詩人みずから語っているが、それはまた別の話である。

「黄金の舟」とポッダ河

一八九二年、シライドホで書かれた「黄金の舟」は、タゴール詩のうち最もよく知られたもののひとつである。ベンガル人の心に刻みつけられたこの美しい詩は、河を舞台としたある種不思議な光景をうたったもので、「わたし」の黄金の稲穂を積み込んだ末に、「わたし」を置き去りにして行ってしまうこの「黄金の舟」はいったい何をあらわしているのか、と読むものの想像をかきたてた。

タゴールの詩篇に河の描写は多いが、それらの源泉になっているのがシライドホ付近を流れるポッダ河であることは間違いない。

ポッダ河

ベンガルはそのほぼ全域が縦横無尽に流れる河川におおわれており、コルカタとて河岸の町であることには違いないのだが、典型的なベンガルの河岸の風景はやはり農村にある。詩人はこのポッダ河で、その名もポッダというボートハウスにしばしば滞在し、河そのものを体験した。

ボートハウス「ポッダ」

農村とタゴール文学

前にも述べたように、タゴールの生まれ育ったコルカタは特異かつ比較的新しい都市で、それは近代ベンガル文化の中心ではあっても、千年以上の歴史を有するベンガル文化やベンガル文学は、それまでコルカタの外に広がる地域で継承されてきていた。そもそもあまり宮廷文化を発達させなかったベンガルにおいては、その文学とはもっぱら宮廷や都市の外に存在する宗教歌謡や民俗歌謡を意味していた。これらのベンガル文学の伝統を発見し、みずからの創作をそれらと一体化させるには、こうした場所に身を置くことが必然でもあったろうし、またそれだからこそタゴールはベンガル詩人として大成できたのである。

つまりシライドホをはじめとする農村は、詩人タゴールにとって単なる風景以上の大きな文学的意味を持っていた。近代以前のベンガル文学の担い手たち、すなわち一種の宗教歌謡であるボイシュノブ・キルトン（ヒンドゥーのボイシュノブ派の宗教歌謡。詳しくは後述）やバウル（ベンガルの吟遊詩人。詳しくは次章で扱う）などの歌い手たちと親しく交わったことは、間違いなくタゴールが都会の一詩人からベンガルを代表する大詩人へと変貌を遂げていく土壌となった。また場所柄ムスリムも多いこの地方にあって、タゴールはダルヴィーシュ（イスラム教神秘主義者）とも親しくしたりしていたのだが、いずれの場合も、詩人は都会人の目でそれらを眺めたのではなかった。村の中に分け入り人々の中に身を置くことで、詩人はみずからがその一部であることを感じた。そこには未だ知られざるみずからの文化を体現している人々があり、そしてそれらの人々との交流は知られざる自分自身の発見でもあったのである。

三　シャンティニケトン

シャンティニケトンという土地　シライドホが詩人にとってのある種の文学的聖地であるのなら、シャンティニケトンもまた、違った意味での聖地であったと言えるだろう。コルカタより北西約百五十キロのところにあるこの場所もまたタゴール家所有の土地ではあったが、他の土地とは異なり、ここはもともとの領地ではなく、詩人の父デベンドロナトが個人的に気に入って購入した土地だった。

詩人が生まれて間もないころ、この地を通りかかったデベンドロナトは、たまたま夕刻にさしかかったその美しい風景に胸打たれ、瞑想ののちに直ちにそこを買い取ることを決意したと言う。もっともそれは、単純に「美しい」と形容してしまうと少々拍子抜けするような風景だったかもしれない。今でこそ植林によって緑が生い茂るシャンティニケトンだが、かつてはこのあたりには草木がほとんどない平原が広がっていて、ふつう豊かな水と緑に恵まれたベンガルの風景とは趣を異にしていたからである。そもそもこのあたりには水源が乏しく、タゴールのはじめた学園も、少なくとも初期のうちは水の確保に苦労したようで、夏場にさしかかって水が不足してくるとそのまま夏休みになってしまうこともままあったと伝えられる。しかしデベンドロナトはこの土地に特別なものを見出し、みずから家を建てて「シャンティニケトン」（平安の庵）と名づけたのである。

初めてのシャンティニケトン行　十一歳の終わりごろ、少年タゴールは父に連れられてはじめての大旅行に旅立つが、その際はじめに立ち寄ったのがこのシャンティニケトンであった。このときの印象がタゴールはそれまでほとんどコルカタの邸宅と学校以外の場所を知らなかったので、このときのタゴールが当初期待していたのは、その土地をよく知らないわれわれと同じように、どこまでも広がる水田や（都会育ちのタゴールはそれ以前に水田を見たことがなかった）、稲穂の連なる風景だったらしく、不毛の荒地と見えたその地に少なからず落胆したらしい。『回想』によれば、ほどなく少年はその失望を埋め合わせるものを見出すが、シャンティニケトンに真実の美を見出し、その地でこその心の平安を得るようになるのはずっとのちになってからのことである。

タゴール家とシャンティニケトン　ともあれ、タゴール若かりしころのシャンティニケトンは、デベンドロナトの、そしてタゴール家の聖地であった。シャンティニケトンには、小振りながらガラス造りの一風変わった建物がある。これが一八九一年十二月二十二日に完成した「ウパショナ・グリホ」、通称モンディルである。このモンディル（寺院）はブランモ協会に生涯を捧げたとも言えるデベンドロナトの信仰の象徴であり、以後この日（ベンガル暦のポウシュ月七日が正式な日付。西暦とベンガル暦には多少のずれがあるので、毎年十二月二十二日になるわけではない）はシャンティニケトンの記念すべき日として引き継がれていく。詩人タゴールがこの地に学園を正式に設立したのも十年後の同じ日であった。

学園の発足

こうした場所に学園は作られた。タゴールは学校、すなわち英国式の学校に対して苦い思い出を持っていただけに、自分の子供たちの教育には頭を悩ませたようである。家庭教師を雇い入れはしたものの、子供たちの初期教育のほとんどをほどこしたのはタゴール自身だった。そうしたわけで詩人タゴールも独自の学園の構想を持つことになるが、当初学校の具体的な青写真を作ったのは詩人の甥にあたるボレンドロナト（一八七〇〜九九、四兄の長男）であった。この学校は一八九八年にはすでに校舎の建設がはじまっていたのだが、ボレンドロナトの急逝を受けて詩人自らが指揮を取り、一九〇一年の暮れについにシャンティニケトンの学園がかたちを取ったのだった。

かたちを取ったとはいえ、それはまだまだ学校としての体裁を整えてはいなかった。タゴールはコルカタへ行って生徒を集めようとしたが、結局創立時には自身の長男ロティンドロナトを含めて

現在のシャンティニケトン

五人の生徒が集まったに過ぎなかったし、教員についてもその他の施設にしても直ちに理想的なものにするのは無理な話であった。このようにおそらく今日的な学校のイメージから見るとそれはおよそ学校とは言えないようなものだったかもしれないが、しかしそこにはまぎれもなく詩人タゴールの理想が息づいていたのである。

学園の特色

そもそも学園の名前が「ブランモチョルジャスロム」である。「ブランモチョルジャスロム」とはすなわち、古代からのヒンドゥー的概念、四つの住期《アーシュラマ》（学生期、家住期、林住期、遊行期）のうちの第一期、学生期を指す言葉なのである。詩人が思い描いたのは古代の森の学校「トポボン」だった。であるから、このような小ぢんまりとした環境は実は詩人の理想としたところかもしれない。しかしこの学校は古代のそれとはまったく異なる近代的、あるいは革新的な性格も併せ持っていた。すなわちここでは、教育は特権的でも秘密主義的でもなかったし、またここでの学習はバラモン的で厳格なそれとはおよそ異なり、いかにも楽しげで、内容的にも詩人の個性を反映したユニークなものを持っていた。

　タゴールが母語による教育、すなわちベンガル語による教育をその根幹と考えていたことには前にも触れた。今になってしまえばいかにもあたりまえのこの原則は、当時はまったく省みられていなかったばかりでなく、それ以前の教育とはその時々の権威ある言葉、サンスクリット語や英語などでおこなわれてきており、長い伝統を持っていたにもかかわらず、ベンガル語はそれまでおよそ公的な場で使われたことがなかったのである。タゴールはみずからベンガル語の教科書を用意したが、全四巻からなる教科書『ショホジュ・パット（やさしい読本）』の第一巻および第二巻では詩人みずからの手による文章がすべてのページを埋めている。一読して子供が朗唱するのにいかにも楽しげな作りで、シャンティニケトンの教授陣に加わっていたこともあるベンガルを代表する画家、ノンドラル・ボシュ（一八八二〜一九六六）のシンプルな挿絵も味がある。

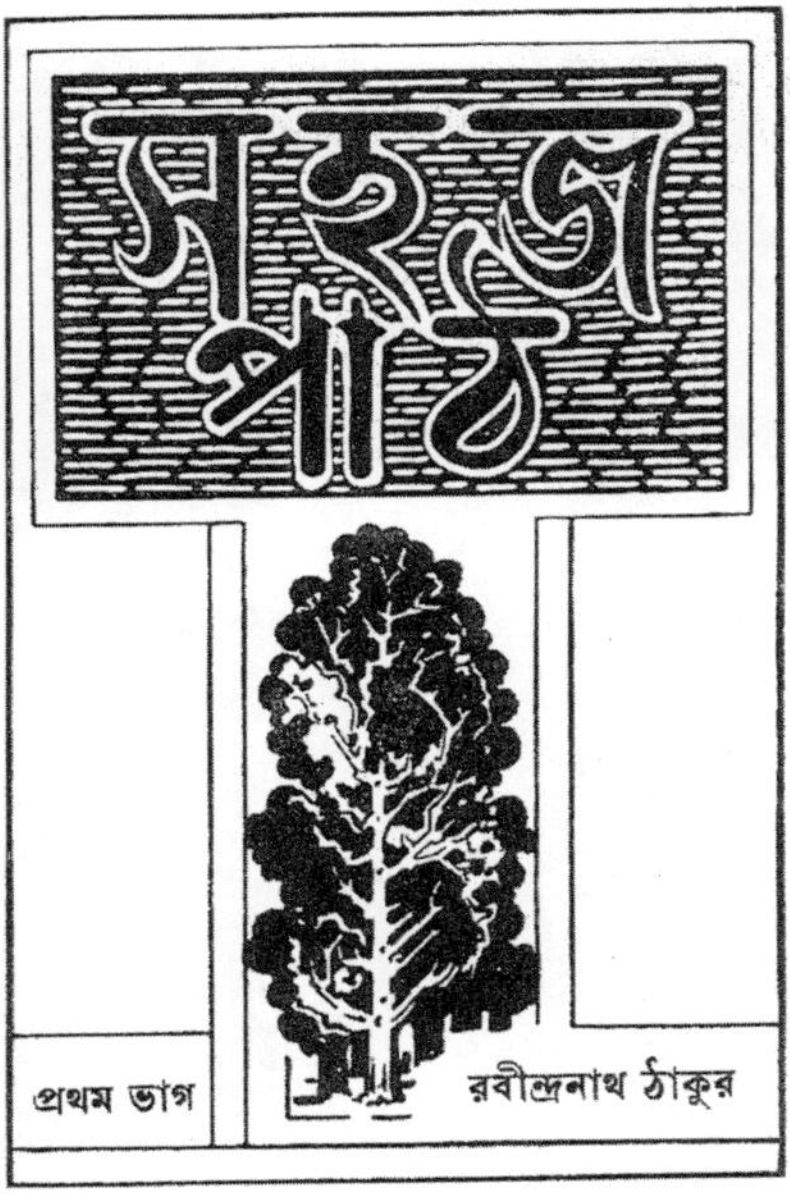

『ショホジュ・パット』の表紙

　詩人はみずからの五感や情緒から切り離され

ることをなにより嫌ったが、放っておくだけではそれらが十全には育たないことも知っていた。無国籍的な都会ではなく、ベンガルを実感できるシャンティニケトンに学園を作ったのもそれだからこそであり、そうした環境を直に感じながら、すなわち教室の中でなく外の木陰で授業をすることを、詩人は好んだ。授業以外にもこうした詩人の感じ方、考え方は色濃く反映されていて、たとえば一九〇七年にはじまった春祭りなど、よそではおよそ見られることのない数々の催し物は年々歳々シャンティニケトンを彩ってきた。

このようにシャンティニケトンはほとんど詩的とも言えるような性格を持っていたが、それで小ぢんまりとまとまったままではいなかった。それどころかこの学園はタゴールの興味と関心の赴くままに拡大していき、驚くべき短期間のうちに無数の枝葉をつけた大木のように育っていったのである。学園は初等教育から高等教育へとその守備範囲を広げていき、またタゴール自身に外遊の機会が増えるにつれ、この場所を国際的な文化交流の場にしようという構想も生まれてくる。

ビッショ・バロティ大学　一九二一年、つまり創設から二十年後の十二月に（このときもまたベンガル暦にして同じ日付が採用された）、正式にビッショ・バロティ大学が開校する。これを機にシャンティニケトンの土地や家屋などの個人資産が大学に譲渡され、同時にタゴールの著作の版権も大学に譲渡されることになった。まさにタゴールはこの大学に持てるものすべてをつぎ込み、そしてそれと同時に、大学はもはやタゴール個人のものではなくなったのである。

かくして学園は拡大し続けていった。大学発足以前、すなわち一九年にすでに、先に名前を挙げたノンドラル・ボシュを迎えて美術学科が設立されたほか、音楽学科の前身もこのころ作られていたのだが、このころからタゴールは積極的に多種多様な、そして優秀な教授陣を迎え入れ、シャンティニケトンで学ぶことのできる科目は増加の一途をたどった。一例を挙げれば、一九二〇年のヨーロッパ滞在中に知り合ったフランスの東洋学者シルヴァン・レヴィ（一八六三～一九三五）が客員教授として迎え入れられ、同時にチベット学科や中国学科が設立されるといった具合であった。

こうした新設学科、教授科目のうち、ユニークなもののひとつにスリニケトンの建設がある。スリニケトンは農学部と言ってもよいが、従来の学際的な農学部とは趣を異にしていた。タゴールはシライドホでの経験以来、農村開発に関心を持ち続けており、シャンティニケトンをとりまく村々（タゴールの目にはそれらは本来の自立的な機能を失いつつあるように見えた）をフィールドとして、この分野に学問的かつ実践的に取り組みたいと思っていた。そうしたおり、一九二〇年から二一年にかけてのアメリカ滞在中に、タゴールは農学を専門とする青年、L.K.エルムハースト（一八九三～一九七四）と知り合い、二二年にはこのエルムハーストを責任者に迎えてスリニケトンが正式に発足することになった。この出会いはエルムハーストにとっても幸運な偶然であった。エルムハーストはこれ以前にもインド滞在の経験を持ち、そしてはじめてインドに旅立つ前に読んだ『ギーターンジャリ』に感動し、いつの日かこの詩人のもとで、そしてインドの農村で働きたいと漠然と考えていたのである。

ところで、このように拡張を続けていった学園をタゴール個人の資金力で支え続けるのには限界があった。そもそも一九二〇年から二一年にかけてのヨーロッパ、アメリカ旅行（前述のシルヴァン・レヴィやエルムハーストと出会った旅）のひとつの目的は、学園のための基金を募ることにあった。こうした基金の設立はたいていの場合思ったようには進まなかったが、それはまた往々にして個人的な出会いや、予期せぬ個人からの寄付というかたちで補われた。スリニケトンの設立にあたっても、その資金を調達したのは他ならぬエルムハースト自身で、実際に資金を提供したのはのちにエルムハースト夫人となるドロシー・ストレイトであった。

シャンティニケトンとタゴール

「詩聖」タゴールの文学世界とこのような実務や経済問題は、一見あまりに不釣合いにも見えるかもしれない。しかしシライドホにせよ、シャンティニケトンにせよ、それはタゴールにとってただ愛《め》でるだけの美しい村ではなかった。これらはタゴールが成熟するにつれて見出した「黄金のベンガル」であると同時に、自らの生活の場としての現実でもあり、またタゴール流の実験場《フィールド》としての役割も果たしていたのである。

シライドホと同じく、いやそれ以上にシャンティニケトンで生み出されたタゴールの作品は数多いが、その中で特徴的なものを挙げるとすれば戯曲類になるだろう。タゴールの戯曲は独特のスタイルを持っているが、それはこのシャンティニケトンを第一の舞台として作られたことにも関係している。シャンティニケトンにおいては、これらの戯曲は学園の活動と一体となってあらわれた。先に挙げた春祭りなどの季節の祭りのためにタゴールは戯曲を書き下ろし、それらは毎年生徒たちによって演じられたし、その他の戯曲に関しても、多くの場合詩人はシャンティニケトンで初演をこころみている。

シャンティニケトンがしばしば経済的な危機に直面していたことには再三言及してきたが、タゴールが最後の手段として頼ったのは、自身の講演とあわせてこれらの戯曲の公演旅行であった。三六年のこうした旅行の際には、老齢をおしての公演（たいていの場合それらにタゴールみずからも出演している）を案じたガンディーが、みずからのパトロンであるビルラ財閥からの資金援助を取り付けたこともあった。このときガンディーは名誉ある詩人のこうした体を張っての活動に危惧の念を持ち、残りの公演予定を取り消してくれるように頼んでもいるのだが、タゴールにはそうしたことに頓着しない

タゴールの亡くなった居室

天真爛漫さがあった。いずれにしても結果としてその当時の人々は、生きたタゴールのパフォーマンスを存分に享受することができたのである。

こうしてタゴールはその後半生において、みずからの生活や文学活動の中心をシャンティニケトンに置きつつ世界をかけ巡り、それらの成果をさらにシャンティニケトンにつぎ込んでいった。詩人はこの地を愛し、まさに死の直前までそこを離れようとはしなかったのである。最後の最後に、周囲のものにシャンティニケトンでは充分な医療処置がおこなえないからと説得され、タゴールはコルカタに運ばれた。亡くなったのは生まれたのと同じ、ジョラシャンコの邸宅であった。

第四章　歌い演じる

～戯曲家および音楽家タゴール～

道の終わりはどこに　終わりはどこに
なにがあるのか　終わりには
（戯曲『チョンダリカ』（一九三三）より）

一　初期の戯曲

舞台芸術とのかかわり

日本において、あるいはほかの地域においてもタゴールは、その風貌のせいかしばしば隠遁の老賢者のようなイメージを持たれがちだった。しかしそのめまぐるしい創作の現場や華々しいパフォーマンスの数々を垣間見るとき、われわれはそのイメージとの落差を感じずにはおれない。タゴールは常にさまざまなジャンルの創作を同時並行でこなし、そしてまた同時に実務もこなしていた。ひとり静かに書きものに没頭するどころか、来客に次ぐ来客、問題に次ぐ問題を息つく間もなく処理していくのが詩人の日常だったのである。そしてそのめまぐるしさを平然とこなしていけたからこそ、タゴールは戯曲のような大勢がかかわるスタイルの創作と演出、上演を楽しんだとも言えるのである。

そもそもタゴール家は戯曲や音楽などの舞台芸術《パフォーミングアーツ》と関係が深い。当時のコルカタではそれなりの家は音楽会《ホームコンサート》を催すことを常としていたが、タゴール家においてはコンサートのみならず戯曲がしばしば上演され、その屋敷内にあった「ジョラシャンコ・シアター」は当時、世間の注目の的であった。ジョラシャンコ・シアターはプロの音楽家のコンサートはもちろん、ジャットラと呼ばれるベンガル伝来の野外劇や戯曲家が新作を上演したりするのに使われたが、タゴール家のものがそこで戯曲を上演することもしばしばだった。

詩人の父、デベンドロナトはその信仰上の性格からして禁欲的にも見えるが、みずから率いるブランモ協会に歌を提供するという観点から、息子たちが音楽を学ぶことを奨励した。子供たちはことごとく先生《ウスタード》についてさまざまな楽器や歌を学び、ひいてはそうした教養を舞台芸術へと発展させていったのである。音楽や戯曲にとりわけ強い関心を見せたのは長兄ディジェンドロナト（一八四〇～一九二六）と五兄ジョティリンドロナト（一八四九～一九二五）であった。ふたりともインド音楽とともに西洋音楽にも親しみ、ハーモニアム（アコーディオンに似た鍵盤楽器。ただし床に置いて弾く）、バイオリン、笛、ピアノといった楽器をたしなんだ。この兄弟と、さらに同じ趣味を持つ従兄弟や友人たちが集まってさかんに戯曲を上演していたころ、当の詩人はまだ幼かったが、五兄の書いた戯曲に参加したのがタゴールのこのジャンルへの長いかかわりの第一歩となった。

初期の作品群

タゴールは戯曲第一作として、二十歳にして『ルドロチョンド』（一八八一）という小品を書きあげ影響著しかった五兄に捧げているが、実質的な処女作と考えられているのは次に、そして同年のうちに書かれた『ヴァールミーキの天才』である。ラーマーヤナの作者とされるヴァールミーキの伝説から作り上げたこの戯曲で、タゴールはみずからヴァール

『ヴァールミーキの天才』を演じるタゴール

ミーキを演じ、好評を博したと伝えられる。『ヴァールミーキの天才』とともに初期作品の中でたびたび論じられるのは『自然の復讐』（一八八四）と『犠牲』（一八九〇）であるが、これらの作品は年月を経てもしばしば上演されたのみならず、これらの中にのちに大成することになるタゴール文学そのものの萌芽を見て取る論評は数多い。

『自然の復讐』

『自然の復讐』（一八八四）はタゴール自身がのちに、「そののちのすべての文学的業績の序章」と認めた作品である。登場人物は苦行者《サニヤーシー》を中心としたほんの数人で、舞台はこの苦行者がひとりこもっていた洞窟から出てくるところからはじまる。苦行者は自分がすべての煩悩から解放されたと高らかに宣言するが、町までやってきたところで寄る辺ない少女に出会い、少なからず動揺してしまう。いったんは少女を振り切った苦行者だったが、やむにやまれぬ気持ちを覚えて戻ってくる。しかしそこに見出したのは、洞窟の前で死んでいる少女であった、というのがおおよそのあらすじである。『自然の復讐』という少々奇妙なタイトルは、苦行者の最後の台詞、

「少女よ、少女よ、どこへ行ってしまったのか！　いったい何をしたのか！　ああ、ああ、これはなんという酷い復讐なのか！」に由来する。苦行者は解脱して自然を克服し、打ち勝ったと思っていたが、その自然に復讐されたという意味である。しかしこの「自然」とはいったい何を意味するのか。そしてこの悲劇的結末は見るものをどこへ導こうというのか。

冒頭の長い独白の締めくくりに苦行者はこう宣言する。「この心を開けて見せよう、おまえに言おう、見よ、おまえの王国は今や砂漠である、おまえの僕《しもべ》であったものたち、愛情や憐れみは焼き場で焼き尽くされ、その黒焦げの骨のみが、破壊の都たるここに残されている」。「おまえ」というのは「自然」であり、その「おまえ」に対して、「ここ」つまり自分の心の中には骨となった愛情や憐れみがあるのみだ、と苦行者は言い放つのである。しかし苦行者は哀れな少女にしだいに愛情を感じるようになり、少女を愛するにつれ、この世界をも愛するようになっていく。それを世俗の状態への逆戻りと感じた苦行者は、いったんは少女を突き放すが、つまり「愛する」ことを拒否するが、最終的に少女のもとにもどってきたことで結局は「愛する」ことを選択する。つまり台詞のそこここで見られるこの戯曲におけるテーマは、少女を愛すること＝世界を愛することは是か否かというところに集約されるのだが、当の少女の死という不条理な結末は、観客の感情を宙づりにしたまま劇が唐突に終ってしまうようにも見える。実はこの結末は、二十年以上も経ってからタゴール自身がこれを『サニヤーシー』(Sanyasi) として英訳したときに変えられている。英語版では苦行者は自身の目で少女の死を確認することはない。ただある女性から少女が死んだと聞かされるのみである。そしてその真偽も明らかにならないままに劇は終る。英語版での苦行者の最後の台詞は「彼女が死んだはずはない（She can never be dead）」である。

結局のところこの戯曲で肝心なのは結末ではない。この戯曲は、「われわれはこの世界を愛することができるのか？」という壮大な疑問符なのだと考えられるからである。そしてそう考えればこそ、詩人がこの作品を「のちの全作品の序章」と言った意味も理解できる。

『犠牲』

もうひとつの有名な初期作品『犠牲』（一八九〇）もタゴール的展開と悲劇的結末を持った戯曲である。『犠牲』は供犠、すなわち神へ生贄を捧げることをめぐる物語で、これもまた詩人みずからによって後年英訳されている（くしくもこの戯曲は『自然の復讐』とともに一九一六年の日本旅行の際に船上で訳された）。この戯曲のタイトルは、原題のベンガル語 Bisarjan も、英語版の Sacrifice も、ともに日本語では『犠牲』と訳すことが可能だが、その意味するところが若干異なることに注意したい。すなわち英語の Sacrifice においてはほかの意味とともにそのものずばり、神への生贄を意味することができるのに対し、ベンガル語の Bisarjan には生贄という意味はなく（それには別の単語をあてる）、みずからを犠牲にすること、あるいは大事なものやすべてを手放すことのみを意味するからである。つまり Bisarjan と Sacrifice ではどこにこの戯曲の力点があるかという印象が微妙に異なってしまう可能性がある。

ともあれ、物語を見てみよう。一匹の山羊がカーリー女神の寺院に捧げられる場面から物語ははじまる。山羊はある貧しい少女のたったひとつの所有物で、それを持っていかれた少女はカーリー女神を断罪する。そのことを知った王が、以後生贄を捧げることを禁ずるが、寺院の司祭であるログポティは激怒、同じく王に反対する王妃にも味方されて、王の暗殺を企む。ログポティは息子同然にかわいがっていた青年、ジョエシンホに、それがカーリー女神の望むところなのだと説得して王の暗殺を命ずる。司祭と王、両者への忠誠心の板ばさみになったジョエシンホは、みずからが犠牲になることを決意する。つまり自分自身を生贄としてカーリーに捧げてしまうのがこの物語のクライマックスとなる。ログポティはたったひとりの愛情の対象を失い、絶望の末に女神の石造を投げ捨てる。

この物語が言わんとするところは一見わかりやすいようであるが、これを単なる生贄という習慣や偶像崇拝への批判と捕らえてしまうのは単純に過ぎるだろう。事実、タゴール家が偶像崇拝を禁じるブランモ協会を率いていたことから、そのように解釈されたこともあったのである。がしかし、ここで中心的なテーマになっているのはそういうことではなく、ジョエシンホの犠牲という行為なのである。

この「自己犠牲」を中心的なテーマであるとふまえたうえで、著名な文芸評論家であるアブー・

『犠牲』でジョエシンホを演じるタゴール

サイード・アユーブ（一九〇六〜一九八二）は、この戯曲の中に人間の中に神性を求めるというタゴール特有の宗教観を見て取る。最後のシーンで、それまで女神像への捧げものに固執していた王妃が「女神はもういません、あなただけが私の神なのです」と王に語る、あるいは司祭ログポティが「石の像は砕け散った——わたしの母は今こそその姿をあらわしたのです」と語るのは、まさにそうした意味なのである。そしてこうしたものの見方、信念はこののちもタゴール作品に幾度となくあらわれる。

二　タゴール劇のスタイル

歌劇と詩劇

ところでこれらの戯曲の形式に目を転じると、初期作品であるにもかかわらず、ここに早くもタゴール独自の戯曲スタイルがあらわれていることに気づく。すなわち『ヴァールミーキの天才』（一八八一）は通常 gitinatya と呼ばれ、giti は歌、natya は劇だから、つまり歌劇と訳せるのだが、しかしこれはオペラのようなものとは異なり、歌と台詞が渾然一体となったタゴール独特の作りになっている。『自然の復讐』は全編韻文で書かれており、これは通常 natyakabya（詩劇とでも訳せようか）と呼ばれるが、この中にももちろん相当数の歌が含まれている。『犠牲』はもともと小説として書かれた『聖王』（一八八七）の戯曲化で、こちらも「詩劇」に分類されるが、無韻詩であることが『自然の復讐』とは異なる。

タゴール劇の変遷

これ以降もタゴールの戯曲スタイルはさまざまに変化していくが、そこにはもちろん、戯曲の持つライブの性格も大きくかかわっている。たとえば初期作品はジョラシャンコ・シアターのような劇場で上演することが前提となっていたが、シャンティニケトンで学園をはじめてからは、野外での上演の比重が高くなっていく。それは学園の方針ともあいまって、季節の祭りに際して上演される『秋祭り』（一九〇八）『春の訪れ』（一九一六）などの劇は自然と一体になった独特のものに仕上がっていった。学園で初演を試みたのちに、コルカタで上演、あるいは公演旅行をおこなうなどの試みも再三見られたが、その場合はそれぞれにふさわしいかたちになるよう手直しが施されたし、そもそも公演のたびにあちこちに手を入れるのがタゴールの常であった。また学園の初期においては女子学生を舞台に立たせることがむずかしく、主だった配役が男性になりがちになるなどの実際上の制約もないわけではなかった。逆に学園の発展が新

春祭りの風景

たな戯曲形式の刺激になった例としては、晩年にさかんに書かれた舞踊劇が挙げられる。タゴールはもともとマニプリなどのインド舞踊に強い関心を示し、舞踊家をしばしばシャンティニケトンに招請したりしていたのだが、そうした活動が功を奏して、身近に踊れるものが育ってはじめてこうした形式が可能になったわけである。舞踊劇と言っても、タゴールのそれはバレエのようなものではない。実際にはかなりの部分で歌の比重が高く、それらの歌が「踊るにふさわしいものになっている（舞踊劇『チットランゴダ』（一九三六）の序文より）」のである。

タゴール劇の魅力

こうしたユニークな形式を持った戯曲の生の魅力を文面で完全に伝えるのは、不可能としか言いようがない。歌の歌詞だけを見てもその歌のよしあしがわからないように、戯曲の台本だけを読んでもその本当のよしあしを理解することはできないだろう（そして常に歌の比重が高いタゴール劇の場合は二重にその魅力を文面で理解することは困難になる）。タゴール戯曲にはト書きがほとんどなく、また歌の譜面化にも限界があるので、タゴール演出当時の実際は伝聞に頼らざるを得ない。さらにこれらの戯曲を実際に鑑賞した人々は、こぞってタゴール自身の名優としての魅力を伝えている。「タゴールが演じたからこそ生きた」と言われる役柄や戯曲もあるほどである。そうしたものを今に生きるわれわれはこの目で見ることはできない。しかし演じること、あるいは舞台での表現を構成することを心底楽しんだタゴールを垣間見るとき、われわれは少なくともタゴールの創作姿勢、その生き生きとした芸術活動のありようを感じることができる。そしてそれはただ舞台芸術に限られたものではなく、タゴールの創作全般に言えることなのである。

『踊り子の祈り』を演じるタゴール

タゴール劇のヴァリエーション　タゴールは自作の戯曲にたびたび手を入れただけではない。その戯曲そのものも、自作の小説や詩から取られたものが少なくない。先に見た『犠牲』は小説『聖王』の戯曲化だし、『踊り子の祈り』（一九二六）のように詩篇から戯曲化されたものもある。同じ戯曲にしても、単なる改編の域を超えて韻文劇から散文劇へなど全面的に改定されたものもあれば、舞踊劇に作り変えられた『チットランゴダ』（一九三六）のような例もある。同じタイトルのもとにあるひとつの劇ですら、あまりに手を加えたために初めの版と最終版とではおよそ違ったものに見えることもある。

このようにタゴールは実に縦横無尽にジャンルを越え、スタイルを変えて創作をおこなった。その多彩さ、めまぐるしさは、まるで一日として同じことがない自然界の一日か、同じかたちのものがひとつとしてない繰り返し押し寄せる波のようにも見える。しかしその中にも繰り返しあらわれるテーマ、もしくは感興あるいは詩情というものが（それとても単一ではないが）存在することもまた、事実である。そうしたタゴール劇のヴァリエーションとテーマを、次に見てみることにする。

三　『贖罪』とそのヴァリエーション

『兄嫁の市場』

事実上のはじめての戯曲『ヴァールミーキの天才』（一八八一）を書いたころ、すなわち二十歳になったばかりのころにタゴールは、これまたはじめての小説『兄嫁の市場』（一八八三）を書いている。主な登場人物は無慈悲で次々に要人の暗殺を企てる王と、そうした父のありように心を痛め、暗殺を阻止しようとする王子で、その王子がさまざまな事件を経て王位継承権を捨て、やはり王の犠牲となって行き場を失った妹とともに、聖地ベナレスへ行くことを決意するという物語である。この物語はのちのタゴール小説の原型というより戯曲の雛形と見るべきで、事実『兄嫁の市場』はその後、いくつかの戯曲のヴァリエーションを生んでいく。そもそも小説というよりもむしろ十九世紀的な物語文学のようなこの作品は、のちに優れて二十世紀的な小説として発展していくタゴール小説には似ていない。ここにあらわれる王や王子、あるいは王妃、大臣という配役や、王家のなかで繰り広げられる陰謀といった御伽噺《おとぎばなし》的な設定は、のちのタゴール小説にはほとんど見られず、その代わりにこれは、リアルさを追求するのではなく、象徴性を高めていく方向に進んだ戯曲において繰り返しあらわれる設定なのである。また中心人物ではないが、ここにあらわれるボショント・ラエという狂言回し的な役どころもまた、のちのタゴール戯曲において再三あらわれる存在である。ボショント・ラエは王の叔父にあたり、王によって二度も暗殺を企てられ結局は死に至る役回りなのだが、そこには緊迫感も危機感もまったく感じられず、この人物たるや突然歌をうたったり、王や王子に浮世離れした忠告をしたりする特異なキャラクターなのである。

『贖罪』

『兄嫁の市場』は発表直後に他の作家によって戯曲化され、かなりの人気を博したと伝えられるが、その脚本は残っていない。タゴール自身はこの小説を一九〇九年に『贖罪』というタイトルのもとに戯曲化した。基本的な設定は同じだが、戯曲の方が全体としてひきしまった印象を与えるほか、いくつかの重要な違いもある。まず『兄嫁の市場』ではほんの背景程度でしかなかった王国の「人民」がその姿を見せ、その中でもマドブプルという地域の住民が慈悲深い王子をみずからの王に立てたいと考えるという場面が新しい。そしてこの人々の思惑が王と王子の対立を増幅させてしまうという構図も見られる。そしてまた戯曲には、ドノンジョイという新しいキャラクターが加わっている。ドノンジョイはボイラギ（苦行者、あるいは世捨て人）であり、歌をうたい、人々を触発し、また慰める。

ところでこの『贖罪』というタイトルは何を意味するのか。ここでも王子は最後に王位継承権を捨て、つまるところ贖罪のために、妹とドノンジョイとともにベナレスへ向かう。つまりここで罪をあがなっているのは王子であり、しかしそのあがなっている罪は王子自身のものではなく、無慈悲な王のものであるというのがこの戯曲の骨格となっている。そう考えるとこの王子の「自己犠牲」には前述の『犠牲』につながる面も見えてくる。

自由の流れ

タゴールは『贖罪』のさらなるヴァリエーションとして『自由の流れ』（一九二二）を書く。非情な王と誠実な王子という組み合わせは変わらないが（ただし人名、地名は変えられている）、ここでは王子の「自己犠牲」がなおいっそう際立っている。ウットルクトの王は近隣のシブ・トライもその支配下に置こうとしており、その切り札はムクト・ダラ（直訳すれば「自由の流れ」）に建設したダムである。つまり水をせき止めることでシブ・トライを支配しようというのだ。王と立場を異にする王子はシブ・トライに住み、その住民の権利を守ろうとする。そしてドノンジョイはそのシブ・トライの苦行者である。物語の中盤、王によって危険視された王子が監禁される。それに対してシブ・トライの住民は王子の解放を要求し、一方ウットルクトの市民たちの間には王子を裏切り者だと断罪する動きがあらわれる。物語の最後に、王子はみずからの命と引き換えにダムを破壊する。悲嘆にくれるシブ・トライの住民に対して、ドノンジョイが「永遠に（王子は）おまえたちのものになったのだ」と語って、短い歌ののちに舞台は幕となる。ドノンジョイのこの最後の台詞には、再びあの、人間の中に神性を見出すというタゴール的な結末が見え隠れする。

ここで繰り広げられているのはもはや王家の中での陰謀ではなく、国家としての暴力ではあるがしかし、これはリアルな近代演劇とは程遠いタゴール的な象徴劇である。たとえば物語の鍵となるムクト・ダラ、その名も「自由の流れ」をせき止める「ダム」が、しばしば「機械」と言い換えられる上に、その「ダム＝機械」は巨大で不可思議な塔を持っているという具合なのである。このようなシンボルを駆使することで、ここにはさまざまな要素が入り組んで存在している。不正に対する政治的なアプローチ、人々の依存心や猜疑心、機械文明に対する危惧などさまざまなテーマがここでは入り混じり、あらわれては消え、消えてはあらわれる。そして最終的には初期作品の『犠牲』をも含めて何度もあらわれるタゴール劇のテーマが見えてくる。すなわち、唯一無二の存在の「犠牲」による解放と、犠牲による喪失を逆転してあらわれてくる人間の内に存在する「神性」である。

タゴール的と言えば、ドノンジョイというキャラクターも非常にタゴール的な登場人物である。ドノンジョイはあくまで脇役であるが、先に見た戯曲最後の台詞にもあらわれているように、物語に意味を付与するものでもある。タゴール劇にバウル（ある種の吟遊詩人。詳しくは後述）、あるいはドノンジョイのようなボイラギ（世捨て人）という登場人物は多いが、こうしたキャラクターの果たす役割は大きい。バウルやボイラギに親しんでいるベンガル人なら期待するように、これらの登場人物はことわりなしに狂言回し的な役割を果たせるのみならず、バウルやボイラギなら歌をうたうのが自然であり、そうした歌に物語の意味を込めるというのがタゴール劇のひとつの定石でもあるからである。

四　『赤い夾竹桃』

『赤い夾竹桃』あらすじ

同じヴァリエーションには属さないが、『自由の流れ』と時を経ずして書かれ、それとしばしば並べて論じられる戯曲がある。『赤い夾竹桃』（一九二六）である。『赤い夾竹桃』にはバウルもボイラギも出てこないが、歌をうたう少女が主人公になっている。

まず戯曲のはじめに次のような説明がある。「この劇の舞台となる町はジョッコプリという。この町の労働者たちは、地下から金を掘り出す仕事に従事している。この町の王は、ひどく込み入った蔽《おお》いに隠れて暮らしている。宮殿内のその蔽いが舞台上の唯一の道具であり、そしてその蔽いの外ですべてのできごとは起こる」。物語の主人公は怖《おそ》れを知らない少女ノンディニ。そのノンディニが赤い夾竹桃を好んでいることからこのタイトルがつけられている。物語のはじめ、ノンディニは王に会いに行くが、王は蔽いの向こうに隠れて面と向かってはノンディニに会おうとしない。しかし声のみの存在である王はノンディニに少なからぬ関心を寄せ、恋人のロンジョンと比べて自分をどう思うかと執拗に尋ねる。一方この町の抗夫たちは厳しく監督され、知事や説教師などのあれやこれやの手立てによって町を出ることもかなわないでいる。そこへノンディニの恋人らしきロンジョンがやってきて、坑夫たちの間に歌と踊りの興奮をもたらす。ノンディニ同様、ロンジョンも自由気ままにふるまうが、ノンディニ自身はなぜかこの町にやってきたはずのロンジョンを見つけることができない。ロンジョンを探し回った末に、ノンディニが最後に王のもとにやってくると、すでにこときれたロンジョンがそこに横たわっている。ロンジョンは知事たちに画策されて王のもとを訪れ、王はそれをロンジョンと知らずに殺したという。ノンディニは王と対決しようとするが、態度を一変させた王はノンディニに自分とともにすべてを破壊してくれと言う。ノンディニと王、そして労働者たちはすべてを破壊しようとし、知事率いる軍隊との決戦を予期させるところで舞台は幕となる。

『赤い夾竹桃』の登場人物

奇妙で不思議な、ほとんど夢のような物語である。無限の力を持っているとされる王、その圧制を支える悪役として存在する知事と説教師、無力な労働者という一見わかりやすい構図があり、そして物語はとりあえず労働者の解放へ向かって進んでいくように見える。しかしノンディニとロンジョンの役割は『自由の流れ』の王子のように一直線には進んでいかないし、王のありようも単純ではない。『自由の流れ』にいたる一連の作品で描かれてきた王と、ここにあらわれる王はまったくの別物で、このけっして姿を見せない王は、むしろ戯曲

『王』(一九一〇、英訳版では『暗室の王』)の王に似ている。ただし『王』の王が神らしきものを象徴しているのに対し、『赤い夾竹桃』の王は明らかに暗黒面を象徴している。

登場人物の象徴するもの

ノンディニとロンジョンは、人々のリーダーでもなく、自己犠牲によって究極的な目的を果たす存在でもない。ふたりのうちまずロンジョンの役割を見るために、ロンジョンと自分を比較して語る王の言葉を引用してみよう。「わたしには強さだけがあり、ロンジョンには魔力がある。(中略)地下の世界には石や鉄や金の塊がある、そこには力がかたちを取ってあらわれている。一方地上のわずかばかりの大地には草が茂り、花が咲く、そこには魔法の戯れがある。わたしは近寄りがたい深みから宝石を持ってくることはできるが、手に届きそうなあの生命の魔法を手にすることができない」。ロンジョンが担っているのはまさに生そのもののイメージである。それに対して王は死の世界を司っている。それが証拠に、ことされたロンジョンを見出したノンディニに彼を目覚めさせてくれるよう頼まれた王は、自分の魔力はヤマ(死の神)から学んだもので、自分にできるのは目覚めに終止符を打つことのみだと語るのである。

ロンジョンもまた、王と同様に結局のところ姿を見せないという意味で奇妙な存在である。実はロンジョンは人の会話の中にあらわれるのみで、最後に死体となって横たわっている以外、一度も舞台に登場することはない。王とロンジョンはともに不可視の存在で、そしてまたお互いに対極的な存在でもある。このふたりはノンディニをはさんで対置し、だからこそ王は自分とロンジョンのどちらを愛するかなどとノンディニに問うのである。このふたりが実はひとつの存在の裏表であることは容易に見て取れる。ロンジョンという名前自体が王（ラージャー）の裏返しになっていることを指摘したのは高名な文学者のシュクマル・シェン（一九〇〇～九二）だが、まさにその通りである。

　つまり物語の終盤で王がロンジョンを殺してしまうのは、もうひとりの自分を殺してしまうのに等しく（王はいわば知事たちにだまされてそれをロンジョンと知らずに殺す）、そのことを理解した王が、ロンジョンとして存在していた自分自身、つまり生の世界を回復するために、王としての存在を規定していた王国、つまり死の世界をみずから破壊しにゆく、というのがこの複雑なストーリーの結末であると言える。ここには「自己犠牲」によるカタルシスはない。この戯曲が示しているのはむしろ人間の究極的な解放のようである。

ノンディニとは何者か

　そしてノンディニであるが、この戯曲の主人公であるはずのこの少女をいったいどのように考えたらよいのだろうか。「『赤い夾竹桃』のすべての場面はノンディニというひとりの少女の描写であるということを忘れてはならない」とタゴール自身がたびたび注意をうながしたと伝えられるが、これら複雑な展開のすべてがノンディニであるとはいったいどういうことなのか。そもそもノンディニの果たしている役割は何なのか。実はノンディニは、結局のところなにもしていない。つまり戯曲の中に「彼女はなにもしない、それが厄介なんだ」という台詞があるとおり、ノンディニはストーリー展開上特に必要な役割を果たしているわけではない。彼女がしているのは歌をうたうこと、そしてただそれだけで王や人々に特別な感情を抱かせるのがノンディニなのである。ノンディニは美しく、人々のさまざまな感情を引き出す。ある種の人々は彼女を「魔女」と呼ぶ。そしてなにより、生の象徴であるロンジョンと死の象徴である王の真ん中に立ち、その王ですら強く惹きつけられる存在なのである。ノンディニはすべての中心に存在する。そうした意味で、ノンディニは確かにこの劇全体を覆っているし、この歌をうたう少女こそがこの戯曲そのものであると考えることができる。

五　タゴールの歌

タゴール劇と歌

このように歌は、多くの場合タゴール劇の鍵になっている。タゴール劇の場合、歌は戯曲の中の余興ではない。劇の方が歌の背景になっているという見方も可能である。タゴール劇にたびたびあらわれるバウルやボイラギが狂言回しのような役割を果たし、その歌が戯曲の意味を担っているということは前にも述べたが、実はこの歌や歌うたいのありようは、タゴール劇においてある時期をはさんで大きく変容しているのである。

タゴール劇は一八九二年と一九〇八年の間にギャップがあると言われている。確かに九二年の『チットランゴダ』（のちの舞踊劇のもとになった戯曲）以降、十数年にわたって若干の軽い喜劇以外、戯曲はほとんど書かれていないのだが、この時期はちょうどシライドホ時代に重なっている。そしてこの同じ時期、タゴールは戯曲の代わりにさかんに歌を書いている。そうした時期を経てタゴールは一九〇八年に学園のために『秋祭り』を書くのだが、これは歌を中心とした構成、あるいは歌そのもののありようという点で、初期作品と大きく趣を変えたものだった。

そのタゴールの歌そのもの、つまりロビンドロ・ションギト（タゴール・ソングとも）と呼ばれるものはいったいいかなるものなのか、ここで概観してみる必要があるだろう。

インドの音楽と西洋音楽　タゴール家の人々が日ごろから音楽に親しんでいたことは前にも述べた。しかしこの音楽とはいったいどのような音楽なのだろうか。当時のインドの人々が楽しむ音楽のソースは、おおざっぱに言って三種類あった。ひとつは一般的にはシタール（弦楽器の一種）の演奏で知られる（そして実のところインドにおいてはヴォーカルが基本である）ラーガ（旋律型）に基づく古典音楽、もうひとつは地方ごとに大きく異なる民俗音楽、そして西洋音楽である。

詩人タゴールは早くからインド古典音楽に親しんだ。古典音楽はベンガルでは本来盛んではなかったのだが、ムガル宮廷の崩壊を受けて庇護者を失った音楽家たちが各地に散り、新しく台頭してきたブルジョアを頼るようになった結果、新興中産階級であるタゴール家のような存在と結びついたのである。ジョラシャンコの家には常に音楽が溢れており、多くの優れた演奏家が出入りしていたと言う。実際インド古典音楽は聴いてすぐに覚えられるようなものではなく、演奏はもとより鑑賞するだけでもこうした音楽的教養に溢れた環境がものをいう。

西洋音楽がインドで果たす役割は今も昔もさほど大きくはないが、しかし当時でも留学体験を持つ人々はそれなりに西洋音楽のありようを熟知しており、いくつかの旋律に親しんでもいた。タゴールの場合はピアノを弾くような兄の存在のおかげで留学する以前からショパンなども聞いていたというが、自身の言葉によれば「気持ちが完全に入り込むことはなかった」らしい。ただ、ハーモニーを発達させた西洋音楽に接することで、インド音楽を特徴づけるラーガという旋律型を見つめなおすという意味は少なくなかったろう。実はタゴールの初めての講演は、『ヴァールミーキの天才』の上演の数ヶ月のちに行われた「音楽と想念」と題する音楽をトピックとしたものだったのだが（それだけに早いうちから音楽に対して並々ならぬ自信を持っていたことが伺える）、そこではラーガの本質的な特徴など、西洋音楽と相対化されたわれわれの音楽という概念が再三語られている。

民俗音楽に関しては、ベンガル人がすべからくそうであったようにタゴールも折に触れて聞いていただろうが、本格的にこれらの音楽的特性をみずからの作曲に生かすようになったのはシライドホ時代からである。特に大きかったのはバウルとの関わりであるが、それについては少しあとで触れる。

初期の音楽体験

バウル

詩人の音楽体験は幼いころの兄の歌曲作りの手伝いにはじまり、イギリス留学を経て『ヴァールミーキの天才』での数々の歌曲にひとつの結実を見るが、このあたりの段階ではまだ音楽的には試行錯誤を重ねている状態であった。こののちも劇中に使われる歌曲、そして父デベンドロナトの率いる宗教組織ブランモ協会向けの宗教歌などを書き続けることによってタゴールの歌は徐々にその独自性を備えていくが、それはベンガル伝統のボイシュノブ・キルトン（ヴィシュヌ派の宗教歌謡）から非ベンガル地域の民俗歌謡、ひいてはイギリス風の旋律までさまざまなヴァリエーションを試しながらの発展であった。タゴールは本質的に詩人であり、ことば、あるいは詩情にふさわしい音楽性にどこまでもこだわった。そのためにこそ、旋律的な試行錯誤がえんえんと続けられたのである。

民俗音楽とバウル

前にも触れたように、一八九〇年ごろからタゴールはシライドホで暮らし、ベンガルの農村部に豊かに広がる伝統文芸および民俗音楽（それらはベンガルにおいては常に一体であった）に目を開かされる。ここで詩人はバウルと呼ばれる吟遊詩人たちと親しく交わるようになったのである。タゴールはバウルの印象を次のように語っている。「彼らは貧しい。満足な衣服も着ていない。見た目では、彼らがいかに偉大であるかわかるすべはない。しかしその彼らが、どれほど深遠なテーマをいともたやすく語ってみせることか。大学出の学士や修士でも、そんなことができるものなどまったく見あたらないほどだ」。考えてみれば、生まれ育ちにおいてこれほど詩人と対極にあるものはいない。しかしそのバウルの歌に、詩人は自分の歌、あるいはうたいたいと思っていることがらとの親和性を見出したのである。バウル・ガーン（バウルの歌）に心酔していたタゴールとあるバウルの間で交わされたとされる興味深いやり取りがある。はじめに詩人がこう尋ねた。「あなたがたのこの信仰の歌をどうして世界中の人に聞かせないんですか？」バウルはそれにこう答えたという。「渇きを覚えたものは、自分でガンジス河まで来なければならないのです」。さらに詩人が「それであなたが見るところ、だれかやってきていますか？」と尋ねると、バウルは静かに笑いながら「みんな来ますよ。みんな来なければならないんです」と答えたという。

数々のバウルのうちラロン・フォキル（一七七四～一八九〇）とタゴールとの交流がとみに知ら

れているが、実のところバウルとは宗教的セクトに他ならない。バウルはヒンドゥーでもムスリムでもなく（つまりヒンドゥー出身者とムスリム出身者が混在し）、一種の神秘主義的な愛の歌をうたう。そしてこの指向性がタゴールのそれと共鳴したのである。バウルは愛の対象となるもの（神にもなぞらえられる）を「心の人（maner manush）」と呼んだが、タゴールもこの表現をしばしば用いている。詩人はこうしたバウルの旋律の多くをそのまま、あるいはラーガ系、すなわち古典音楽風の旋律と混ぜて使ったと語っている。しかし実はそれらバウル・ガーンは音楽的には統一されたものではない。バウルはベンガル各地に散らばって存在し、旋律的にはそれぞれの地域の民俗歌謡をベースとしている。だから音楽としては、詩人はバウル・ガーンを取り入れることによって結局のところ民俗歌謡をベースとする歌作りをするようになったと言える。タゴールが親しく交わったのが東ベンガルのシライドホ付近のバウルだったから、タゴールはその地の民俗歌謡の旋律を取り入れたということになる。バウル・ガーンのみならず、タゴールは東ベンガルで盛んなバティヤリ（舟歌の一種）やシャリ・ガーン（伝統的なボート・レースの際に歌われる歌）などにも親しんだとされるが、音楽的な傾向としては実はこれらはかなり似たものなのである。

国歌となった
タゴールの歌

こうした民俗歌謡の旋律は、一九〇五年を頂点とした民族運動の高まりとともにさかんに書かれた愛国歌に生かされていく。「愛国歌」という日本語にはネガティブなイメージがつきまとうが、ベンガルの、そしてインドの愛国歌は戦闘的なものというより、自信を失いがちな植民地時代にあって母なる地を称えるものがほとんどである。そしてこれらの歌によってタゴールは歌の作り手として広く認知されるようになっていった。すなわちこのころから、独立した歌として長く人口に膾炙するタゴール・ソングが生まれるようになり、そこからのちにインド国歌やバングラデシュ国歌が選ばれていくのである。

詩と歌の一体感

前にも見たように、このの
ちタゴールは民族運動から遠ざかっていくのだが、外の世界から内なる世界への強烈な揺り戻しを経たのちに、タゴール・ソングはひとつの頂点に達する。それが『ギタンジョリ』、『ギタリ』、『ギティマッロ』という一九一〇年から一四年にかけて書かれた一群の歌＝詩なのである。これらの歌を披露した際に、詩人みずからが「これ以前に本当の自分の歌をうたったことがあっただろうか」と語ったと伝えられるほどに、ここへきてはじめて自分自身のものと納得できる作品が仕上がったわけだが、それは詩としての出来映えとともに歌としての出来映えにもあてはまることだったろう。さらに言えば詩と歌の一体感もここにきてやっと完成されたのである。

ロビンドロ・ションギトの CD

そしてこの同じ時期にタゴール劇も、歌作りから組みなおした新しい様相を見せることになるわけだが、これらの戯曲、あるいは歌といった表現形態には、当時そのままのかたちでの再現はできないという難点がある一方で、これらは繰り返し上演され、歌い続けられることで、活字として残されている作品群とは違う生命力を保っているのである。

歌の力

たとえば「もしあなたが呼んでも　だれひとり来ないなら、それならひとりでゆけ」という歌がある。この歌はガンディーがとりわけ好んでうたったものとして知られ、ガンディーはその最晩年に、インド・パキスタン分離独立を目前にして暴力と敵意が吹き荒れる東ベンガルを、この歌をうたいながら旅したという。タゴール没後の一九四六年のことである。そしてまた月日は飛んで二〇〇三年、今を代表する作家であり詩人でもあるシュニル・ゴンゴパッダエ（一九三四〜、二〇〇九年来日）が、ある日偶然バウルの歌を聞いた。それは「もし神の名で世界が満たされるなら」という歌だったが、これを耳にした瞬間にシュニル・ゴンゴパッダエはタゴールの「もしあなたが呼んでも」を思い出す。旋律がまったく同じものだったからである。作家は言う、「『もし神の名で』はどうということのない歌だ。これを聞きながら詩人の心に『もしあなたが呼んでも』という詞が浮かんだのだ。旋律は同じ、しかしなんという言葉！　それによってこの歌の叫びは永遠のものになったのだ。この歌がかつてガンディーを捉えた。そのことを思い出すとわれわれの心にも感動が蘇る」。

予期せぬところからふっと人の心を捉える、旋律にはそういう力がある。ベンガルに暮らしていると、このようにタゴールはふっと目前にあらわれるのである。

第五章　「世界」と「ふたり」、ふたつの「わたし」

～小説家タゴール～

それでもあれは　夢ではなかった
なによりもわたしの真実で　死をも超えたもの
それがわたしの愛。

（小説『最後の詩』（一九二九）より）

一 『ゴーラ』

『ゴーラ』の高い評価

コルカタの有力誌「デシュ」(隔週刊)は二十世紀最後の年であることを受けて、一九九九年一月二十三日号で「今世紀を作った本」として二十世紀を代表する長編小説を二十篇取り上げた。このうちの半数、十篇は外国文学から選ばれ、アルベルト・カミュ(一九一三~六〇)やフランツ・カフカ(一八八三~一九二四)にはじまり、ガルシア・マルケス(一九二八~)やイタロ・カルヴィーニ(一九二三~八五)にまで目配りしたそのラインアップを見るのも興味深いが、残りの半数、十篇のベンガル小説の中にタゴール作『ゴーラ』が含まれていたことは注目に値する。それもただ含まれていただけではない、この特集全体の筆頭を飾る破格の扱いを受けていたのである(ちなみに外国文学の筆頭を飾ったのはジェイムス・ジョイス(一八八二~一九四一)の『ユリシーズ』であった)。一九一〇年に初版が出された『ゴーラ』は、ここに挙げられた作品の中で最も古い。そしてまたそれ以外の作品は、錚々《そうそう》たる小説家、つまり小説こそを自己の創作の中心に据えた作家たちの代表作ばかりである。地元ベンガル人のタゴールへの思い入れ、あるいは大詩人への敬意を差し引いたとしても、第一に詩人であったタゴールの小説がここまで高く評価されるのはなぜなのか、ここではまずその作品それ自体を見てみることからはじめなければならないだろう。

『ゴーラ』あらすじ

物語は主人公ゴーラの親友、ビノイがある少女と偶然に知り合うところからはじまる。少女の名はシュチョリタ、弟とともにブランモのポレシュ氏に養われる身である。ビノイはゴーラとともにカレッジを卒業し、ヒンドゥー愛国主義者協会なる団体を組織しているが、ふたりのうちリーダーシップを取っているのはゴーラである。主人公ゴーラの名は「白」を意味する。白を尊ぶインド文化の中では、これは当人が色白であるかどうかにかかわりなくポピュラーな名前なのだが、このゴーラは実際に抜けるような白い肌の持ち主である。ゴーラは強靭な精神と強烈な個性を持った人物として描かれ、一方ビノイは穏やかな紳士風の人物として描かれる。

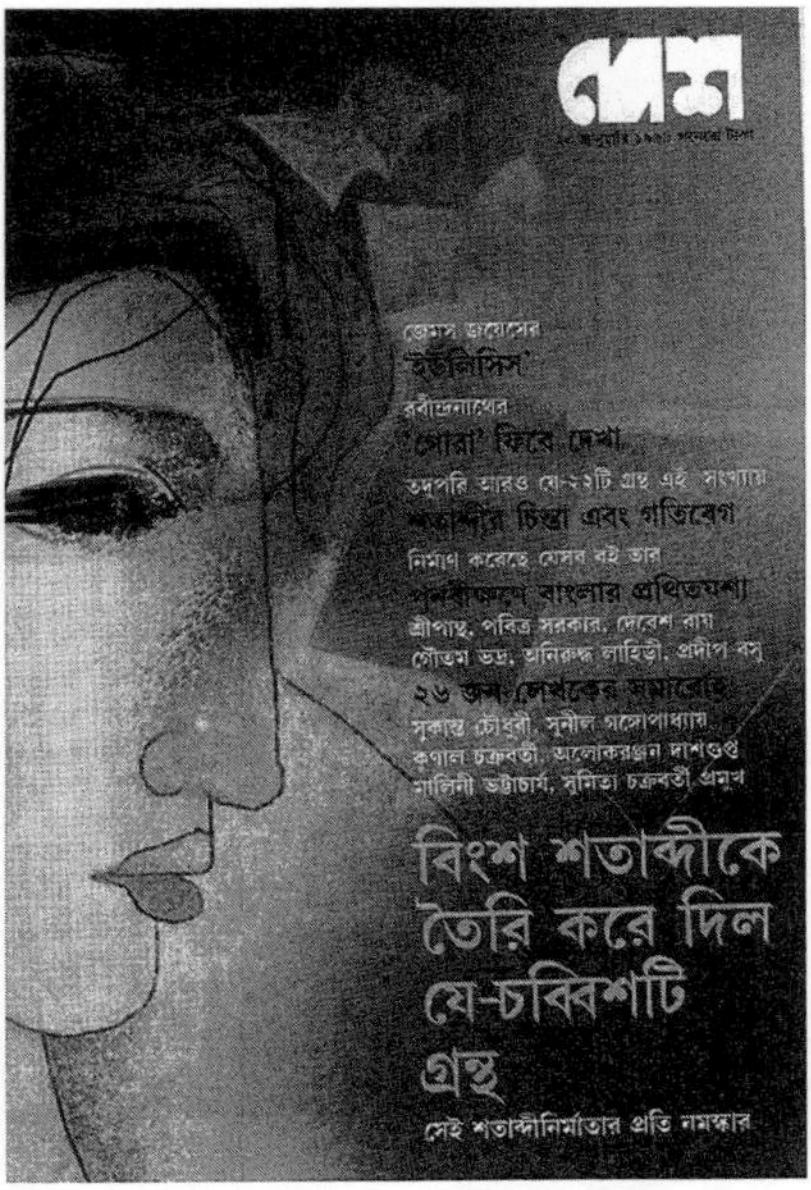

『ゴーラ』が取り上げられた
「デシュ」誌表紙

冒頭でビノイが出会った少女、シュチョ

リタは実はブランモ、つまりタゴール家の宗派であるあのブランモ協会の一員であった。シュチョリタの父は妻を亡くした後にブランモの一員となり、自分の死後は子供たちをポレシュ氏に託したのだった。そのためそのような家族との付き合いを巡ってビノイとゴーラの間に緊張が生まれる。ふたりとも正統派ヒンドゥーの家庭の息子、それも由緒あるバラモンの生まれだからである。

一言で正統派と言ってもその内実はさまざまである。ゴーラの父はかつて植民地政府にかかわる仕事に就き、正統的なバラモンとしてのありようから逸脱した行動も辞さず、それで良い地位を手に入れたのだが、引退とともに「純粋主義者」となって正統派ヒンドゥーの道に戻り、不浄なものは一切口にせず家族ともあまり交わらずにひとり信仰の世界に浸っている。一方母のアノンドモイは、いったん途切れた慣習の世界に戻ることはできず、いわば人道主義的な穏健派のヒンドゥーといった暮らしを送っている。息子のゴーラはといえば、民族主義の高まったこの時代の趨勢を受けて、当初ナショナリストとして頭角をあらわしていく。はじめのうち、ゴーラのナショナリズムは単なる反イギリスだったのだが、次第に正統派ヒンドゥーに自己の拠り所を求めるようになり、父のような純粋主義者となっていく。ゴーラは母がキリスト教徒の女中を家に置いていることを非難し、母の部屋では食事を取ろうとしない。それに比べてビノイのありようは複雑である。ビノイは友人のゴーラを尊敬し、その意見に強く影響されてはいるものの、そこに自分とはしっくりしないものも感じている。両親を早くに亡くしたビノイはアノンドモイを母と慕っていて、ゴーラのように彼女を非難することはできないし、シュチョリタを通してブランモであるポレシュ氏の一家にも強く惹かれていくのである。

当初シュチョリタは、一家と親しいブランモの青年、ハランと結婚するものと回りから見られており、一方ビノイも、ゴーラの兄から娘と結婚して欲しいという申し出を受ける。またブランモのポレシュ氏は、ゴーラの父クリシュナドヤルの幼友達であり、父に言いつけられてゴーラもこの一家のもとに出入りするようになる。ポレシュ家でゴーラは信仰や国について激論をかわし家人の反感を買うが、シュチョリタはゴーラの中に何か特別なものを見出していく。さらにポレシュ氏と妻のボロダシュンドリの間には娘が三人あり、このうちの真ん中の娘、ロリタはビノイに惹かれるようになる。

このように込み入った人間関係の中で、ビノイとロリタ、そしてシュチョリタとゴーラの間で恋愛とおぼしきものがあらわれては消え、消えてはあらわれる。その恋愛関係を横軸とすれば、ゴーラの「愛国心」と「信仰心」の「真実」を縦軸に物語は進んでいく。

ロリタとビノイ、そしてゴーラとシュチョリタの間には宗教上の大きな隔たりがあるため、それぞれがお互いに惹かれながら、はじめはこのうちのだれも自分が相手と結ばれるとは考えていない。そしてそのことが事態を一層複雑にしていく。ゴーラは心の揺れを抑えるためになお一層熱心に社会活動にのめり込み、ひょんなできごとから投獄されてしまう。一方のシュチョリタとその弟の前には伯母と名乗る人物があらわれる。彼女はふたりの母の姉であり、すべてを失った状態でふたりのもとを尋ねてくる。その伯母に同情したポレシュ氏は彼女を屋敷の一廓に住まわせるが、正統派ヒンドゥーであるこの伯母の存在はこの家族の中に亀裂を生んでいく。すなわちシュチョリタとその弟は伯母の側に立ち、ポレシュ氏の妻、ボロダシュンドリはこの伯母を追い出そうとするのである。結局シュチョリタと弟はポレシュ氏の家を出て、伯母と暮らすことになる。

物語の中盤、ロリタはビノイとの仲を取りざたされ、ブランモ協会の中で苦しい立場に立たされる。ビノイはロリタとの結婚をいったんは決意するが、ブランモへの改宗を要求されて困惑する。こうした中、ゴーラが釈放されて戻ってきた。ゴーラは正統派および運動の仲間から英雄として迎えられ、刑務所での穢れを清める儀式をおこなうことになる。

さまざまな葛藤を経てビノイは改宗せずにロリタと結婚することを決意するが、それはみずからの社会のみならず、ゴーラとの絶縁も意味していた。この結婚を祝福してくれたのは、ポレシュ氏とゴーラの母であるアノンドモイのみであった。一方ゴーラの清めの儀式は、正統派ヒンドゥー教徒の一大デモンストレーションとなるべく着々と準備が進められていく。筋違いの賞賛や、英雄として祭り上げられることへの違和感から、ゴーラ自身は儀式の準備から離れて村々を回るようになる。そしてそこでゴーラは、それまで慣れ親しんだ都会のヒンドゥー社会とは異なった因習の世界を目のあたりにしてとまどう。またゴーラの父、クリシュノドヤルもことの次第を聞いて、儀式に猛反対する。

　実は父のこの反対の裏には重大な秘密が隠されていた。ゴーラはクリシュノドヤルとアノンドモイの実の息子ではなく、インド大反乱（一八五七～五九）の際にふたりが匿ったアイルランド人女性の子供だったのである。当時インドの西方で暮らしていた夫妻は、出産後亡くなってしまったこの女性の子供をみずからの子供として育てたのであった。まさに儀式の日の朝、危篤に陥ったクリシュノドヤルは唐突にこの事実をゴーラに明かす。ゴーラはこの事実によってヒンドゥー教徒としての自分を失うことになる。なぜならヒンドゥーとは信仰として選択するものではなく、ヒンドゥーとして生まれつくものだからである。

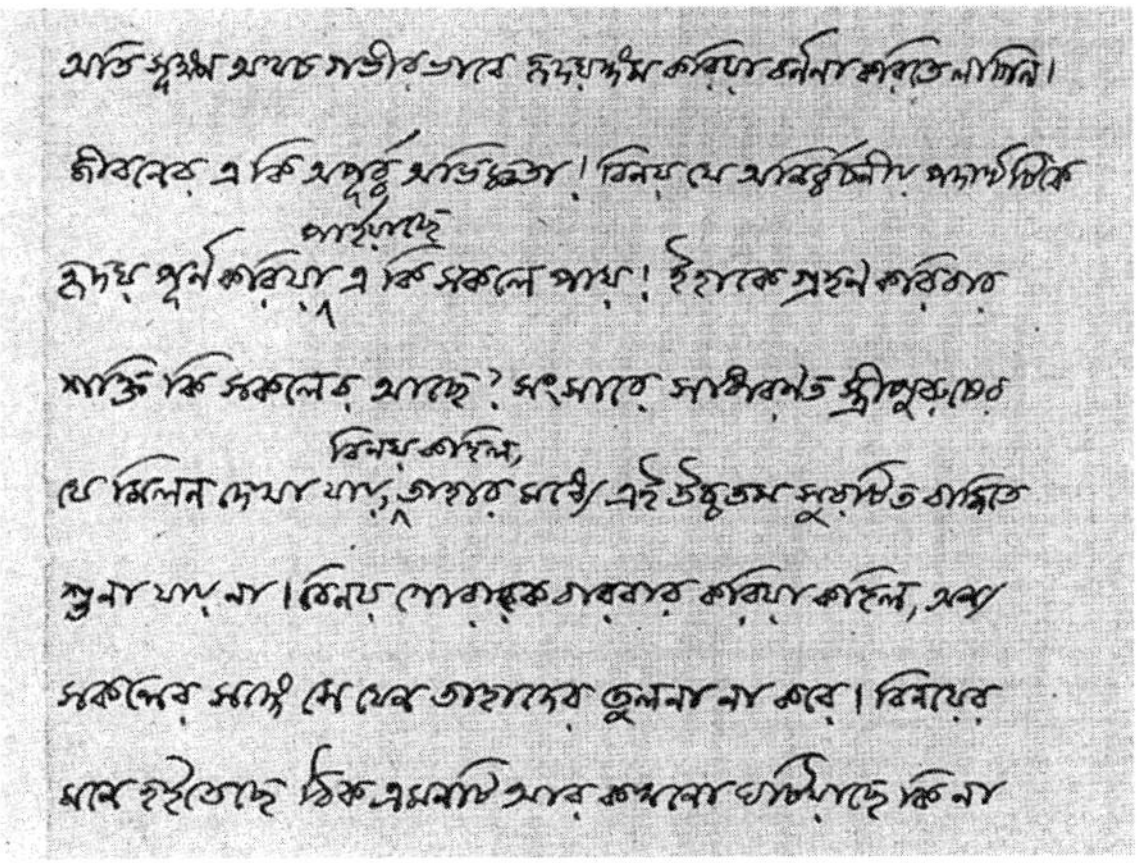

『ゴーラ』の草稿

　物語の終わりでゴーラはポレシュ氏のもとを訪れ、シュチョリタも居合わせたその席で、今や自分はすべての束縛から解放され、真のインド人になったと語る。そしてアノンドモイに「母さんが僕の母さんです」と呼びかけるのだった。

『ゴーラ』の背景

この小説の年代は作中では特定されていないが、最後に明かされるようにゴーラはインド大反乱（一八五七年）の年の生まれであり、ゴーラとビノイが大学を終えて少し経っているという状況から、この物語は一八八〇年代初頭を背景にしたものと考えられる。さらに作中にあらわれる実在の人物、ブランモ協会のケショブ・チョンドロ・シェンは一八八四年に亡くなっているから、これはそれ以前のできごとということになり、やはり一八八〇年初頭という数字と一致する。タゴール自身はこのゴーラより四歳年少なだけなので、これはまさに自身の二十代を想定して書かれた物語なのである。

『ゴーラ』ははじめ連載小説として書かれ、一九〇七年の六月から一九一〇年の一月まで、二年半の月日が完成までに費やされた。この作品を執筆当時、タゴールは四十代半ばだったわけだが、この時期にこのような作品を書いたのはいわば必然でもあった。前にも述べたように、一九〇五年のベンガル分割令に端を発して地元ベンガルでは民族主義運動が急速に高まっていったのだが、タゴールははじめそれに積極的に参加していたものの次第に政治活動から遠のいていってしまう。タゴールのこの引退には非難が相次いだがその決意は変わらず、以後タゴールはシライドホやシャンティニケトンでみずからの地道な活動に専心していくのである。こうした中で『ゴーラ』の連載ははじまった。そこには確実に、作者みずからが時間を遡って民族主義や「インド」の問題を考え直すという意味があったに違いない。とはいえ、この小説にはタゴール個人の弁明や意見表明の域を大きく超えたものがある。結果的にこの小説の主人公の生き方は、ベンガル人の、そしてインド人のひとつの指針となり、その指針としての意義は現在に至っても失われていない。間違いなくこの小説を傑出したものとしているゴーラという特異なキャラクターを追及する前に、この物語の骨格をなすふたつの問題、外の世界、すなわち社会的な問題である宗教宗派間の問題と、内の世界、すなわちインド人のアイデンティティーとしての問題について説明しておくべきだろう。

宗教宗派間の問題

ふたつの問題のうち宗教宗派間の問題は、ここでは異なる宗派に属する男女、特にビノイとロリタの恋愛を巡る軋轢としてあらわれる。一方は伝統的な正統派ヒンドゥーの青年であり、もう一方はタゴール自身が属するブランモ協会の娘である。もちろんタゴールはここでブランモ協会を喧伝するようなことはしない。むしろ内部にいるからこその鋭い視点をもって、ブランモ協会員が陥りやすそうな悪循環を批判する。ロリタの母は完璧なまでの近代主義者としてのブランモで、正統派の女性たちを単純に「遅れた人たち」とみなす俗人であるし、はじめシュチョリタと結婚するとみなされていたハランという青年も、ブランモ協会の熱心な活動家にして宗派としてのブランモ協会に完全に埋没した偏狭な人物で、真理や誠実さを求めるゴーラ、ビノイ、ロリタ、シュチョリタという主役級の登場人物の敵役として描かれている。もう一方の正統派ヒンドゥーの間では、ゴーラの父、クリシュノドヤルが頑迷で自己中心的な純粋主義者として登場し、ゴーラの信奉者であるオビノシュも思い込みが激しく偽善的であることがほのめかされる。

小説を読めばわかるように、ブランモと正統派ヒンドゥーは同じヒンドゥー教徒とはいえ、その考え方や生活態度にかなりの開きがあり、この両者を調和させることはそれほど簡単なことではない。第三章でも触れたが、ブランモ協会の思想の根底には、偶像崇拝の否定とカーストの否定があり、カーストの否定は血統あるいは生まれの否定にもつながるため、一般のヒンドゥー教徒からは、ブランモはキリスト教徒やイスラム教徒と変わらないものとみなされがちであった。その一方でこの時代、ブランモ協会の教理が都会の知識人たちの一定の支持を得ていたのも事実で、当時コルカタの学生たちの間では、一度はブランモ協会を覗いてみることが流行だったともいう。

こうした背景のもとに、タゴールはそれぞれの陣営にポレシュ氏、アノンドモイという宗派を超越した人物を配したのである。作者がこの両者をそれぞれの理想型と考えていたことは明らかである。ポレシュ氏は娘ロリタの宗派を越えた結婚によってブランモから追放され、アノンドモイは自らの血筋でないものを（それもアイルランド人を）自分の子として育てることによって正統派ヒンドゥーから逸脱してしまっている。しかしふたりは、それぞれの宗派に敵対せずに、そして同時に妥協することもなくそれぞれのやり方でみずからの内なる神に従って生きている。だからこそみずからの生い立ちを知ったゴーラは、物語の最後でポレシュ氏のもとを訪れ、その足でアノンドモイのところへ帰ってくるのである。

アイデンティティーの問題

この小説のもうひとつの主題、インド人としてのアイデンティティーの問題は、ゴーラ自身の葛藤を通してあらわれてくる。ゴーラはけっして単純な右派ヒンドゥー教徒ではない。彼はまずイギリス人の不遜不当なふるまいや、祖国のありように義憤を感じ、自己の拠り所を求めてさまよう。学生時代にはそれこそブランモの集会にも顔を出し、父のもとに出入りするバラモン僧たちに議論をふっかけたりもしている。しかしその中に尊敬できる人物を見出し、哲学的議論や古典に触れることを通して次第に正統派ヒンドゥーに傾いていくのである。

この一本気で妥協を知らない主人公、ずばぬけて活動的で、ときに潔癖すぎ、人の微妙な心の動きに疎い面もある人物、一歩間違えばおよそ鼻持ちならない人物になりかねない主人公を、実に魅力的に描き出すことにタゴールは成功している。十九世紀末の、統一インドの青写真もなかった時代の青年たちの悩みを、ゴーラは一身に背負っているかのごとくである。ゴーラはまずこの国の状況に義憤を、そして疑問を感じるが、彼はその疑問を究極のものまで推し進めていく。ゴーラの問いはとどまるところを知らず、彼はみずからに問い続ける。自分の拠り所はどこにあるのか、自分のなすべきことは何なのか、インドとはいったい何なのか。そしてこの真なるものを求めるゴーラの問いは常に自分自身に戻ってこざるを得ない。

社会悪や欺瞞、宗教宗派間の軋轢から生まれるがんじがらめの状況、そうした四面楚歌の中でのビノイとロリタの結婚だけが救いかと思われる終盤に至って、それらすべてをみごとにひっくり返し究極の回答へと導く鍵は、言うまでもなくゴーラの生い立ちにかかわる秘密である。ゴーラはヒンドゥーでなくなると同時にインド人となる。ビノイが改宗することなしに結婚したのと同じく、ゴーラも改宗することなくヒンドゥーでもムスリムでも、ブランモでもクリスチャンでもない「インド人」になるのである。

ゴーラというキャラクター　主人公ゴーラのありようとして注意すべき点は、その中心的な関心が実は国家にあるのではないということであろう。延々と繰り返される議論の中で、ゴーラが特に強調するのは（そしてそれこそがタゴールの強調したい点だったのだろうが）、人々のプライドをいかにして取り戻すかという点であり、ゴーラが国家のための個人を考えるのではなく、個人のための国家を主として考えているという点は特筆に価する。だからこそゴーラは終局の大打撃を切り抜けることができるのだし、この小説も二〇〇〇年を迎えてなおベンガルを代表するものとして筆頭に挙げられるのである。この小説にあらわれる宗教宗派間の問題や民族主義、ひいては「インド」についての問題は、植民地下という特殊な状況にのみあてはめられるようなものではない。その意味で、はじめに挙げた「デシュ」誌におけるこの小説評のタイトルが「永遠の同時代」であるのもうなずける。

ところでこのゴーラはおよそタゴール自身とは似ていない。だからこそこのゴーラのモデルとして、今日までさまざまな人物が挙げられてきたのだが、結論を言ってしまえば、ゴーラには特定のモデルはいない。作者は身の回りの人々から具体的な様相や気質といったいわばパーツを借りながら、ゴーラというキャラクターを創造したのである。むしろ大事なのは、このような特異なキャラクターは、みずからを「ブラット（アウト・カースト）」と呼ぶタゴールでなければ、おそらく創造し得なかったろうという点である。

二　タゴール小説のあゆみ

ゴーラはおよそタゴールと似ていないが、ほかの作品のなかには、タゴール自身に似ているとされる登場人物も存在する。それは『家と世界』のニキレシュである。

『家と世界』

『家と世界』は比較的短い小説『四楽章』を挟んで『ゴーラ』のあとに書かれた作品で、やはりはじめは連載小説として書かれ、ちょうど来日中の一九一六年にはじめて単行本として世に出された。ここでもまず、『家と世界』の物語を簡単に紹介しておく。

『家と世界』のDVD

『家と世界』の主な登場人物は三人、ある地方の地主《ジョミダル》であるニキレシュとその妻ビモラ、そしてニキレシュのカレッジ時代の友人で、独立運動《スワデーシー》活動家のションディプである。この小説は三人がそれぞれに独白をつらねるという形式になっているが、その三人三様の語りをまとめたあらすじは以下のようなものになる。

ビモラは典型的な良家の子女で、十代のはじめにニキレシュのもとに嫁ぎ、すでに九年が経っている。ビモラはもともと色黒で自分の容姿に劣等感を持っており、そのため人並み以上に貞淑な良き妻でいたいと思っていた。一方ニキレシュは大学で修士課程まで終えた現代風の人物で、兄二人が早く亡くなり、また両親もすでにないこの家で、かなり気ままにふるまうことができた。だからこそニキレシュは伝統や慣習を無視したありようを家の中に持ち込むことができたのだが、その最たるものに妻との現代風の関係があった。ニキレシュは妻と対等の関係を持つことを望み、妻のためにイギリス人の家庭教師を雇ったりする。ビモラははじめ、ニキレシュのこうしたふるまいに戸惑いを覚えるが、次第にニキレシュに感化され、家の「奥の間」から外に出るようになる。

外（と言っても家の「奥の間」に対して外部からの来客のある「外の間」ということだが）に出るようになったビモラは、ニキレシュのカレッジ時代の友人ションディプと知り合うことになる。ションディプは活動の同志を引き連れてニキレシュの屋敷に滞在していた。ビモラははじめションディプに好感を持っていなかったが、溌剌とした演説を垣間見て以来、その強い意志や個性に惹かれるようになっていく。

　ニキレシュは必ずしもションディプの意見に賛成ではなく、それどころかションディプのような愛国のありよう、たとえば外国製品の排斥などには反対するのだが、一方でションディプのスポンサーにもなっている。ふたりの間の議論を聞きながら、ビモラは夫の意見に煮え切らないものを感じ、ますますションディプに傾いてしまう。ニキレシュはふたりの接近に気付かないわけではないが、もともと外に出ることを勧めたのが自分でもあり、妻がみずからの意思で自分のもとに戻って欲しいと願うばかりである。

　物語の後半、ションディプに活動資金を所望されたビモラは、家の金庫から六千ルピーを盗み出して渡す。それはニキレシュから兄嫁たちへ渡されるべき金だった。その六千ルピーの埋め合わせをするべく、ビモラは自身の装飾品をなんとか売り払おうとする。一方ニキレシュは、ションディプがニキレシュの村に入り込んで小作人たちの間の不穏な動きを扇動しているとして非難し、屋敷を出て行くようにと言う。

金銭のやりとりをするうちに、ビモラのションディプに対する迷いもさめてくる。ニキレシュはビモラを連れてコルカタで暮らすことを決意するがその矢先、村で暴動が起こったという知らせを受け、それをおさめるべく屋敷を出て行く。結局ニキレシュはその暴動で重症を負い、生死もわからないままに物語は終わる。

『家と世界』の背景

『家と世界』は一九一五年から六年にかけて連載され、連載中からかなりの批判を浴びた。たびたび述べてきたように、一九〇五年のベンガル分割令に端を発した民族主義運動からタゴールが身をひいてからまださほど時間の経っていない時期の作品であったから、この作品が作者の自己弁明の一種と受け取られたのも当然のなりゆきであった。『家と世界』のニキレシュは、たしかにタゴールに似ている。なによりも地方で地主《ジョミダル》をしているという設定がタゴールに重なる。そのうえ、小説であらわれるような外国製品の排斥を巡ってはタゴール自身反対の立場を取っていたし、なにより宗教宗派間の争いを嫌い、政治的なスローガンを嫌ったタゴールの政治的な立場をここに読み取るのはあながち無理ではない。一九〇五年に始まった民族主義運動の高まりは、スワラージ（自治を意味するが、当時はまだ完全独立を意味してはいなかった）、スワデーシー（広義では民族運動全般を指すが、当時実際に意味していたものは国産品の愛用）といったスローガンを生んでいくが、『家と世界』のションディプもこれらのスローガンを多用する。

ニキレシュとションディプの関係は『ゴーラ』におけるビノイとゴーラの関係にパラレルであると同時に逆転もしている。すなわち、カレッジ時代の友人同士にして、穏健で優柔不断にも見えるニキレシュに対して活動的で強力な意思をあらわすションディプという構図はビノイとゴーラの関係に重なるのだが、ここではションディプは完全な悪役なのである。ゴーラの現実離れするほどの誠実さとは反対に、ションディプはややもすると偽善的な人物として描かれる。そしてこのように愛国的な人物が悪役として描かれたことが、『家と世界』が当初不評をかこつたことのひとつの要因となった。

国産品愛用を巡っては、タゴールも現にガンディーと論争を繰り広げ、おおよそ作中のニキレシュと同じ立場を取ったが、一方のションディプはガンディーとはおよそ似たところのない人物である。このションディプという登場人物は、ニキレシュの立場や考え方を鮮明にするためのカウンターパートと考えるべきであろう。とはいえ、その当のニキレシュ、タゴールの分身と目されるこの人物も、登場人物としては充分に魅力的とは言いがたい。結局のところ、『家と世界』は『ゴーラ』に似通った構図を持っているものの、その小説としての力点はまったく別のところにあるようである。

ビモラという存在

実は『家と世界』における主人公はビモラである。タイトルの「家と世界」というのは、ビモラにとっての家と世界であって、ニキレシュにとっての家と世界ではない（そしてションディプにいたっては「世界」はあっても「家」はない）。そしてこのビモラの心の揺れが見事にあらわされたからこそ、この小説には小説としての価値があるのである。『ゴーラ』と『家と世界』の間には表現上の大きな違いがある。『ゴーラ』は会話部分のみに口語体を用いて地の文は依然文語体で書かれていたのに対し、『家と世界』ははじめて全面的に口語体で書かれた小説なのである。そしてそれは、三人の登場人物の独白のみによって成り立つという特殊な形式によっていとも自然になしとげられたのであった。そのうちビモラの語り口はことにリアルである。そのリアルな語り口で、中産階級の良家の妻たる主人公の、夫以外の男性への揺れる思いが切々と語られたのであるから、当時としては充分すぎるほど衝撃的で、これもまたこの作品への批判を高める結果となってしまった。

今日から見れば、あるいは別の側面から見れば、こういった批判はタゴールの並々ならぬ表現上の力量をあらわしていると言えなくもない。三角関係というのは、タゴールの小説の中にたびたび登場する構図でもあり、そうした構図の中での女性の描きこみはタゴールの得意とするところでもあった。

中編小説『毀れた巣』

同じく三角関係を描いたもので再三映画化もされ、よく知られた作品として『毀《こわ》れた巣』（一九〇一）と名づけられた作品（中篇ほどの長さがあるが、通常短編小説に分類される）もある。『毀れた巣』のあらすじも見ておこう。

主人公はチャルロタ。夫のブポティは裕福で特に働く必要もなく、英字新聞を発行してそれにのめりこんでいる。その家の主婦であるチャルロタもまた、何をする必要もなく暇をもてあまし気味である。その家に夫の従弟で大学生のオモルが同居している。もともと文学好きのチャルロタはオモルの書きものを励まし、それについてあれこれ語り合ううちにふたりの親密度は増していく。しばらくするとそれらの文章が雑誌に掲載されるようになり、にわかに名声を得たオモルは有頂天になる。しかしチャルロタはふたりの大切な秘密がなくなってしまったように感じ寂しく思う。再び暇をもてあますようになったチャルロタはみずから文章を書いてみるようになる。あるときオモルがチャルロタの書いたものに目を留め、絶賛する。それを雑誌に送ろうというオモルに対して、なによりふたりの絆を大切に思うチャルロタはふたりだけの雑誌を作ろうと言い出す。ところがオモルは約束を破ってチャルロタの作品を雑誌に送ってしまう。その作品は雑誌に掲載されたばかりでなく、賞賛の記事まで載る。しかもオモルの文章がチャルロタの文章と比べられ、さんざんにこきおろされてしまう。文学に対して野心のあるオモルとまったく無欲のチャルロタ、このふたりの気持ちのすれ違いは次第に大きくなっていく。

一方ブポティは新聞をめぐって問題を抱えていた。英字新聞の経理を担当していたチャルロタの兄、ウマポドがかなりの金額のお金を着服していたことがわかり、ウマポド夫妻は出て行くことになる。またこの事件をめぐってチャルロタを誤解したオモルは、ブポティにすすめられた縁談を受け容れ、結婚してイギリスへ渡ることを決意する。夫とふたりきりになったチャルロタはオモルの不在にどうしようもない空しさを感じ、一方ブポティはなにをしても妻の気をひきたたせることができない。ついにはブポティもチャルロタの心の内にあるものに気づいて傷つき、ひとりマイソールに旅立つ。チャルロタは連れて行ってくれと頼むが、結局はひとり残ることになるのであった。

ボンキムチョンドロ

タゴール以前の小説家といえば、まっさきに挙げられるのがボンキムチョンドロ（一八三八～九四）で、タゴールの幼少期はちょうどこのボンキムチョンドロの全盛期にあたっていた。当時ボンキムチョンドロは「ベンガル展望」という雑誌をみずから発行しており、読書人はすべからくこの雑誌の最新号を心待ちにしていたという。タゴールとてその例外ではなかった。初期のタゴール小説がボンキムチョンドロ風であったのも、ごく自然ななりゆきであった。しかし最終的に、この二人の作風は大きく異なったものとなった。その違いを感じさせるのが、先にあげた『毀れた巣』のチャルロタのような人物の描きこみである。小説の筋運びなどもボンキムチョンドロより新しさを感じさせることは確かであるが、たとえばこのチャルロタを巡るきめ細やかな心理描写、あたかもその女性が実在しているかのような感覚が、この物語を現代のわれわれに近しいものにしている。

タゴール独自の作風

ボンキムチョンドロの影響から脱しタゴール自身の作風があらわれるのは、一九〇三年初版の『目の砂』あたりから、というのがおおかたの見方だが、『目の砂』に先立つ数年間、タゴールはさかんに短編小説を書いている。そしてこれもまた、シライドホ時代に重なっていることは注目に値する。シライドホでベンガル人の生活の奥行きを実感したタゴールが、それらを作品に反映したと考えられているが、そうした習作を通してタゴールが自分自身の関心の中心を発見し、そのための手法を自然と編み出していったのだろう。

タゴールの（そしてまたおおかたのベンガル人作家の）女性描写には定評があるが、さまざまなタイプの女性が生き生きと描かれているのはむしろ短編小説かもしれない。言いなりになる夫を持った美人妻モニマリカが宝石にのみ生きがいを感じるようになり、ついには全身に装身具をつけたまま幽霊に成り果てるという「宝石を失った男」（一八九八）、自由でやんちゃな村娘、わけもわからずに結婚したムリンマイーがついには夫を愛するようになるまでを描いた「完結」（一八九三）、町からやってきた郵便局長のお手伝いとして献身的に仕えるロトンが、結局は町に戻る郵便局長に置いてゆかれてしまう「郵便局長」（一八九二）など、さまざまな個性を持つ女性たちの心のひだが

『三人の娘』のDVD

伝わってくるような作品は少なくない（ちなみにこの三篇はのちにサタジット・レイにより「三人の娘」という映画にまとめられた）。結局のところ、こうした登場人物の心のひだ、人の感情こそがタゴールをしてストーリーを紡がせた原動力であるとも言える。であるから、小説構成上に少々の不手際があったとしても、登場人物の感情の動きに引っ張られるようにして物語は進んでいくし、読者もそれとともに進んでいくことができる。

文語体から口語体へ

『毀れた巣』は一九〇一年の作品で、この時点ではタゴールは依然として文語体を用いている。しかし主人公チャルロタの心の動きのリアルさは、『家と世界』のビモラにもまさるとも劣らず、タゴールのこの指向性こそが、その形式を口語体へと向かわせたのだと言えなくもない。どちらが先とは言いがたいが、当時はちょうど口語文への移行時期にあたってもいた。そして口語化運動の先頭に立っていたのは、タゴールお気に入りの姪、インディラ（次兄ショッテンドロナトの娘）の夫が出していた「ショブジュ・ポットロ」誌であった。ただしタゴールの場合は「まず口語化ありき」ではなく、やはり自分自身の表現の発展形式として口語文を選んだと考えるべきである。そしてその原動力となったのが、タゴール独特の心理描写、人の心の動きへのあくなき関心だったのではないか。

三　「わたし」の追求と『最後の詩』

いかにあるべきかの「わたし」　ところでタゴール小説の全体を見渡してみると、『ゴーラ』のような硬派な作品はむしろ少数であることに気づく。『ゴーラ』には多くの要素が含まれているとはいえ、ここに貫かれているのは、「ゴーラ」という特異な主人公のあくなき自己の追求である。それはこの世界の中で「わたし」がどうあるべきか、という近代的自我としての「わたし」の追求であると言ってもいいだろう。同様な自己の追求は、『ゴーラ』と『家と世界』の間に書かれた『四楽章』（一九一六）の主人公であるショチシュにも見られる。ショチシュははじめ伯父の影響を受けた無神論者としてあらわれ、そののちボイシュノブの行者の敬虔な弟子となり、最後にはボイシュノブ集団からも離れてひとり真理を追求する。『家と世界』におけるニキレシュも同じ意味で「わたし」を追求していると見ることも可能だろう。ただし『家と世界』においてはニキレシュよりもビモラに力点が移っていることはすでに述べた。

いかようにあるのかの「わたし」　それではビモラにはこうした「わたし」へのあくなき追求があるかといえば、答えは否である。ビモラはいわばニキレシュによって「家」と「世界」という内と外の世界をめぐる葛藤に放り込まれたのであって、もともとの自分の中に自己を巡る疑問があったわけではない。ビモラの悩みが色黒であることというのはなんとも象徴的である。結婚当初、ビモラはこのコンプレックスゆえになおいっそう伝統的な枠組みにおける良き妻でありたいと望んでいるに過ぎない。

しかしだからといってビモラに「わたし」という意識がないわけではない。むしろ鮮明な「わたし」意識があってこその心理描写だからである。ただ、ビモラにとっての「わたし」はこの世界における「わたし」ではなく、恋人なり夫なりのだれか特定の相手との関係、その関係のなかにあらわれる「わたしの気持ち」こそが「わたし」なのである。前者を「いかにあるべきか」の「わたし」であるとするなら、後者は「いかようにあるのか」の「わたし」であると言えるかもしれない。

ところで恋愛小説につきものとなるのは三角関係のもつれた恋愛関係だが、当然この設定はひとりタゴールのみならず、多くの作家によって使われてきた。いわゆる作家だけではない。ベンガル文学のルーツとも言える「ラーダーとクリシュナ」のストーリー（牧女ラーダーとクリシュナ神の愛の物語）も、ラーダーが人妻であると設定されることによって一種の三角関係を形作っている。「ラーダーとクリシュナ」の物語、すなわちボイシュノブ派の詩篇についてはのちにあらためて触れるが、この詩篇とタゴール作品との関連性は再三指摘されている。そしてそのようにタゴールの恋愛小説を眺めてみると、また違った側面が見えてくる。たとえば「ラーダーとクリシュナ」においては、義姉がいつもラーダーを見張っていてなかなかクリシュナに会いに行くことができないという場面があるが、『家と世界』や『毀れた巣』にも似たような役割を担う義姉が登場する。『家と世界』においてはふたりの兄嫁（夫の兄たちの妻。ただし兄たちはすでに亡くなっているので家庭内での地位は微妙で、それだけにビモラを事細かに監視している）、『毀れた巣』においては兄嫁のモンダキニ（オモルを挟んで主人公と微妙な関係になる）がそれにあたる。このようにタゴールは古典的なラブ・ロマンスの構図の中に、近代的な心理描写を持ち込んだとも言えるのである。

タゴールの恋愛小説

『最後の詩』

そのタゴールの恋愛小説の一種の完成形が『最後の詩』(一九二九)である。『最後の詩』は「究極の恋愛小説」とも言われるが、少々変わったスタイルを持っている。この中には物語の鍵となる詩が数多くあらわれるが、詩と小説が渾然一体となった作りは、タゴールの得意とした戯曲スタイルを髣髴させるものでもある。

『最後の詩』の主人公はオミットとラボンノ。いずれもすぐれて知的な男女であり、イギリス帰りのオミットのモダンぶりはともかく、ラボンノが一義的には結婚を指向していない自立した女性であるというのは、タゴール小説ではめずらしい設定である。このふたりの出会いと別れを、詩というよりまさに詩によって心の動きをあらわすようにして描いたのがこの作品である。『最後の詩』には最終的にふたりが結婚することになる各々別の相手もあらわれるが、それらは完全な脇役で、ここにはもはや目立った三角関係は存在しない。オミットとラボンノは社会的軋轢にさらされた結果別れるのでも、また三角関係のもつれから別れるのでもない。たしかにラボンノはオミットの家族に喜んで迎え入れられるような娘ではないし、オミットを巡ってイギリス時代の女性ケトキとラボンノの間に穏やかならぬやり取りも繰り広げられるのだが、それらが最終的な破局の原因であるわけではないはないようである。

はじめスマートで冷笑的でもあるオミットがラボンノにのめりこんでいく過程には、「恋に恋する」といった性格も見て取れる。それに対しラボンノは、本当の自分からかけ離れた存在をオミットが作り上げていると感じている。しかしラボンノはそうした幻想を拒否するのではなく、それが続く限り「彼の心の戯れに解け合って、夢となって存在しよう」と考える。こうしていわば「夢の中に暮らす」ようにふたりの関係ははじまるのだが（くしくもふたりはシロンという山中の町で出会う。おそらくコルカタのような平地には似つかわしくない展開なのだろう）、しだいにふたりは現実の結婚を考えるようになり、まさにその話が決まった瞬間からふたりの関係にほころびがあらわれ、結局はふたりとも別々の相手と結婚することになる。

ふたりの破局は憎みあってのものではない。このそれぞれの最終的な結婚は、夢のように愛した人を心に秘めつつ、現実に愛することができる人と連れ添うという選択であるように見える。つまりこのふたりの別れは「いかようにあるのか」の「わたし」をとことん追求した結果であるとも言えるのである。とはいえ、このふたりの「わたし」の追求は完全に対称をなしているわけではない。ここにおいては、どちらかと言えば男性であるオミットがひたすら「わたしの気持ち」を追及するのに対し、ラボンノはむしろその気持ちの受け手となっている。だからこそもっぱら詩を語るのはオミットとなり、またその詩が物語に溶け込むのである。

ところでこの小説にはもうひとつ興味深いひねりがある。オミットがタゴール嫌いであるという設定である。そもそもオミットはタゴール批判を展開してタゴール信奉者たちの不興を買い、人里はなれた山にでも行こうと思い立つ。一方のラボンノはごく普通にタゴールの詩はいい、と思う読者のひとりで、タゴールの詩を巡ってのふたりのやりとりに、わずかな気持ちのずれが重ねあわされている場面もある。オミットのタゴール批判は、当時実際にタゴールが浴びせられていた批判を反映しているが、物語中オミットはタゴールなどよりずっと自分を代弁してくれるものとしてニバロン・チョックロボルティなる詩人の作品を引用してみせる。そしてこのニバロンとは実はオミット自身に他ならない。そしてもちろんそれらの詩はすべからく愛の詩である。つまりこの小説はストーリーとしてはごくごく単純ながら、「愛」というとりとめのないもののかたちを、ふたりの男女のやりとりや「わたし」の追求で示すと同時に、それをまた詩によって、そして詩をめぐるやり取りによって多層的にあらわすという微妙にして見事な構造を持っているのである。

タゴールの詩人としての資質は疑いようもないものとしても、このような若いふたりの出会いと別れというこの上なくシンプルな、そして古今東西数限りなく書かれてきた筋立ての物語を見事に展開して見せたということからも、作家としての並々ならぬ力量が見て取れる。そして七十歳近くなってこうした小説を上梓するところに、タゴールの創造力の秘密を感じなくもない。恋愛、そして女性という存在は、多くの詩人にとってそうであるように、タゴールにとっても文学的あるいは詩的創作の源泉であった。ではその女性たち、そして女性たちへの詩人の「愛」は詩においてどのように変容していったのか、それを手がかりに次章ではタゴール詩の世界へといよいよ踏み込んでいくことにする。

第六章　女性たち
～人間タゴールと詩人タゴール～

詩人の心の内で　君は詩人である
絵ではない　絵ではない　君はただの絵ではない。
（『雁』（一九一六）所収。一九一四年アラーハバードにて）

一　詩人の妻ムリナリニ

ムリナリニの結婚生活

ことごとに華々しい詩人タゴールに比して、詩人の妻、ムリナリニはおよそ地味な存在であった。一八八三年も終ろうというころに執りおこなわれた結婚式も、突然で地味なものだったと伝えられる。そもそもムリナリニとは本名ですらない。タゴール家に嫁いでから、もとの名前、ボボタリニをムリナリニに変えられたのである。タゴールがノリニという名前を気に入っていたらしいことから（ノリニはこのころ書いていた戯曲の題名にして主人公の名前でもある）、同じ音が含まれるこの名前は夫たる詩人本人がつけたものと考えられている。この結婚は父デベンドロナトが整えたものだが、結婚したときムリナリニはやっと十歳になろうというところで、ほとんど学校へ行ったこともない田舎育ちの少女に過ぎなかった。詩人の方は二十二歳で、仮にもイギリス帰り、すでに『ヴァールミーキの天才』や『夕べの歌』などを上梓していた文筆家であったから、まさに大人と子供ほどの開きがある夫婦だったのである。

当時は幼児婚がめずらしくなく、タゴール家ではあまりに花嫁が幼いときにはあらためて二度目の結婚をする習慣があったが、ムリナリニの場合はそうした形跡はなく、結婚後二年と数ヶ月で長女を出産しているから、ほとんどすぐに実質的な結婚生活に入ったものと思われる。この長女を筆頭に、ムリナリニは十二歳（一八八六年）から二十二歳（九六年）までの十年間に五人の子供を産み、一九〇一年に長女と次女の結婚（ともに十五歳と十歳）を見届けると、翌〇二年に二十八歳で病死してしまう。この間詩人はイギリス旅行に赴いたり、領地のシライドホに滞在したりで不在だったことも多く、ムリナリニの一生はまさにタゴール家の嫁、それも「チョト・ボウ」としてのそれだったと言える。「チョト・ボウ」とは小さい嫁、つまり下の嫁のことで、タゴールもしばしばこの名で妻を呼んでいる。詩人は末子だったからムリナリニは最も下の嫁になったわけで、タゴール家のような大家族にあっては、チョト・ボウのこなすべき仕事には限りがなく、幼い子供をかかえて夫のいないジョラシャンコの邸宅で家事にせいを出すのがムリナリニの日常であったろう。のちには夫や子供たちとシライドホやシャンティニケトンでの生活も経験しているが、彼女は夫のノーベル賞受賞はもちろん、夫が詩人として大成するさまも見ることはなかった。

タゴール夫妻

このように今日から見ればほとんど想像もできないような結婚生活であるが、そこにはまた夫婦関係だけではない大家族ならではの関係も存在していた。夫婦の年齢が通常このように離れている当時の家庭にあっては、これまた通常同居している義弟の方が妻と同年代になり、そこに一種独特の親しさが生まれるのはごくありふれた状況だったのである。

カボンボリとタゴール

そもそも幼いころの詩人タゴールが、五兄ジョティリンドロナトの妻、カドンボリと親しかったことは前にも述べた。カドンボリはムリナリニよりさらに幼く九歳にして十九歳のジョティリンドロナトと結婚したのだが、そのとき末っ子のタゴールは七歳であった。この二歳年長なだけの兄嫁が、幼く未熟だった詩人の文学的指向に絶大な影響力を持ったことはよく知られている。このカドンボリが詩人の結婚数ヵ月後に自殺をとげてしまったことはさまざまな憶測を呼んできた。このことについてはまたあとで述べるが、ジョティリンドロナト夫妻とタゴールとの間に一種の三角関係を読み取れないこともない。もちろんそれは、当事者たちが年若いこともあって、今日的な意味での生々しい三角関係ではなく、もっと微妙な関係ではあるのだが。ともあれ、多くのベンガル人読者は、前章で取り上げた『毀れた巣』の中にこの三人の影を見て取ろうとする。もちろんその場合、夫たるブポティがジョティリンドロナト、その妻のチャルロタがカドンボリ、夫の従弟であるオモルが詩人その人という設定になる。

ボレンドロナトとムリナリニ　詩人の妻、ムリナリニは末子の妻であったから彼女には義弟はいなかったが、彼女にもまた特別に親しい存在があった。詩人の甥、四兄の長男にあたるボレンドロナトである。ボレンドロナトはムリナリニより三歳年上なだけで、留守がちで、家にいるときも書斎にこもっていることの多い夫よりも、この甥と親しくなるのは当然のなりゆきでもあった。詩人の長男ロティンドロナトも幼いころの思い出として、父はいつも多忙で、遊んだりめんどうを見てくれたのはボル・ダダ（ボレンドロナトの愛称）だったと回想している。ムリナリニは嫁いだときには満足に読み書きもできなかったが、最終的にはベンガル語のみならず、英語やサンスクリット語にもかなり通じるようになったと伝えられている。はじめのうちベンガル語の読み書きの手ほどきをしたのは夫たる詩人自身であったが、のちにはボレンドロナトが自分が学校で学んできたことを逐一ムリナリニに伝え、そのおかげでムリナリニは三ヶ国語を学ぶことができたのだと、これまた長男が証言している。このボレンドロナトは一八九九年に年若くして急逝してしまうが、そのときのムリナリニの落胆ぶりはひととおりのものではなかったらしい。ムリナリニ自身もその三年後にはこの世を去ってしまうのだが、この最後の三年間はちょうどシャンティニケトンでの学園作りが具体的になっていく時期にあたっている。そもそもボレンドロナトの発案でもあったこの学園作りに対するムリナリニの献身ぶりはとみに知られているが、そのとき彼女は単に自身の装飾品を売り払って学園設立に役立てたのにとどまらず、そのころのなにも整っていない学園の細々としためんどうも見たのである。そしてこうした無理がたたって体を壊し、死に至ったのだと考える向きもある。

再び『毀れた巣』について　それはともかく、今度は視点を変えて、タゴール夫妻と甥のボレンドロナトの関係を『毀れた巣』にあてはめてみるということも可能である。『毀れた巣』は一九〇一年に連載がはじまっているから、ボレンドロナトの死後ほどなく書きはじめられたことになり、こちらの三角関係が『毀れた巣』の下敷きになっているという可能性も排除できないからである。その場合は夫のブポティがタゴールその人であり、妻のチャルロタがムリナリニ、夫の従弟であるオモルがボレンドロナトという設定になる。

ただしこのいずれかの関係を『毀れた巣』のモデルと特定するのには無理がある。物語の中のブポティ、オモル、いずれもタゴールその人を想起させるものではないし、それ以外の登場人物についてもまた、特定のだれかと結び付けることはできない。またカドンボリの自殺の真相以外は、すべからくタゴール家の人々によってごくありふれたことのように回想されている事柄であり、それらの回想から思い描くに、当時の大家族では、物語の後半のような展開はそうはないとしても、若いうちはオモルのような立場に、長じてはブポティのような立場に立つという状況はありふれたものだったに違いない。そしてそのありふれた構図をもとに想像をふくらませて、タゴールが小説として作り上げたのが『毀れた巣』だったと考えるのが自然な解釈だろう。

二　タゴールの手紙、そしてボイシュノブとタゴール

ムリナリニとの手紙

ところで『毀れた巣』ほかの小説で、女性の心理の機微を描いたタゴールだが、実際の女性との関係はどのようなものだったのか。タゴールと女性との関係を知る鍵になるのは手紙である。実はタゴールは膨大な数の手紙を書いている。日記というものを書いたことがなく、また創作ノートのようなものもほとんどないタゴールにあっては、これらの手紙類が、伝記にせよ作品研究にせよ、最重要の資料となる。

そのうち妻ムリナリニとのやりとりが少ないことは気になるところである。夫婦であるから手紙を書くような必要がなかったというわけではない。留守の多かったタゴールと妻の間で頻繁に手紙のやりとりがあってもおかしくはないからである。ひとつの理由はどうやらムリナリニの方が筆不精であったことにあるらしい。タゴールの妻宛の手紙には、返事が来ないことをこぼすくだりがしばしばあらわれるし、タゴールの姪が「ロビおじさん」にさっぱり手紙を書かないムリナリニを非難する手紙をムリナリニに書き送っているからである。それでもムリナリニは夫から届いた手紙を

大切に保存していた一方で、ムリナリニが書いたはずの手紙は残っていない（長女の手紙に同封されていたものが二通残っているのみ）。

インディラとタゴール

インディラとの手紙

その一方で、同じころタゴールはお気に入りの姪インディラ宛に膨大な手紙を書いている。これらの手紙は一八八七年から九五年の間の八年間（まさにムリナリニが五人の子供を次々に出産していた間に重なる）になんと二百四十六通にものぼっており、妻宛の手紙（全三十六通）と比べるときわめて多い。インディラは次兄ショッテンドロナトの娘で、ややもすると憂鬱だったイギリス留学時代やその前後、ショッテンドロナトの家族と同居することがしばしばだったタゴールにとって特別親しい存在であった。このインディラは妻ムリナリニと年がほぼ同じなのだが、外国暮らしも経験しているきわめて利発で都会的なインディラは、ムリナリニとは対照的な存在だったろう。

タゴール家ほどの大家族になるとすべての家族と一様に親しいということはありえず、それぞれがとりわけ気の合うカウンターパートを持つという構図は不自然ではない。詩人の場合、インディラがその位置を占めたのかもしれない。しかし裏を返せば、ムリナリニがその位置を占めることが

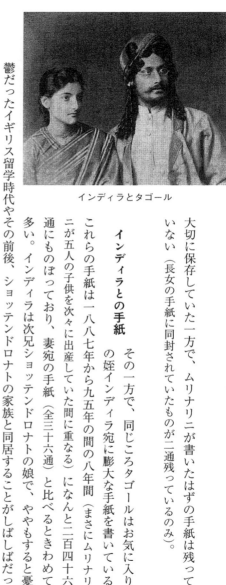

できなかったということにもなる。もちろんタゴールは総じて良き夫、良き父親であり、夫妻の間に目立った不協和音が見て取れるような事実はない。結局のところ、これが当時の結婚というものだったのかもしれない。そしてまたやや先走った話をすれば、インディラはまだしも現実の存在であり、ロマンティックな対象としての女性はこれまた別個のものとして詩人のイマジネーションの中に存在していたこともまた確実である。現実の女性とは別の次元で、詩人の心の奥底はすべての女性、あるいは特別な女性に対してひそかに開けてあったに違いない、とはタゴールの作品を読むものがすべからく感じるところではあるまいか。

ラヌとの手紙

タゴールの手紙類はどれも奥が深いが、女性との関係という点で特に興味を惹くものがある。一九三〇年に、タゴールは『バヌシンホの書簡集』と題する一冊の本を発表するが、これはひとりの少女に宛てて書かれた手紙をまとめたものである。実はここに収められた五十九通の手紙はそのほんの一部でしかなく、最近になって公刊された書簡集によると、実際に少女に書かれた手紙は二百八通にのぼっている。少女の名前はラヌ。はじめの手紙の日付は一九一七年八月で、そのとき詩人は五十六歳、ラヌは十一歳であった。

『バヌシンホの書簡集』のバヌシンホとは、若かりしころのタゴールがボイシュノブ（中世ヴィシュヌ派。詳しくは後述）風の詩篇を書くにあたって用いた筆名で、詩人は少女とこの名前でやりとりをしていたのである。ある日の手紙でラヌは「ロビダダ（〝ロビおじさん〟ほどの意味の一般的な呼称）よりもっといい名前をわたしのために選んでください。洗練されていて美しい名前でなくてはだめ。ロビダダはみんなが使っているでしょう。わたしはとりわけあなたを大切に思っているんです」と言ってくる。それに対して詩人はバヌダダ（バヌシンホを縮めて〝バヌおじさん〟）という名前を提案する。ラヌと韻を踏んでいる点がとりわけ気に入ったらしく、「だれかがこの名前を使おうとしても、自分の名前と韻を踏んでいなければだめということにしよう、ただカヌという子だったらどうしようか」などとおどけている。つまりこの名前はふたりの間の一種特別な絆を示したものなのだが、この絆がいったいどのように生まれ、そして変容していったのかを見てみよう。

ラヌとバヌ

ラヌの家族は大学教授である父をはじめとしてことごとくがタゴール文学の心酔者で、ラヌ自身もはじめてタゴールに手紙を書いた時点ですでに、その著作をほとんど読んだと言っている。そのような少女が自作に関する質問などを書き連ねてきたのであるから、詩人としてもはじめから好感を持ったに違いないが、ふたりの間に親密度が増すのは実際に会ってからである。ラヌは一九一八年の七月に、はじめて家族とともにシャンティニケトンのタゴールのもとを訪れる。このラヌたちを駅まで見送った十日の日からはじまって、この月の終わりまでになんと十通もの手紙を詩人はラヌ宛に書き送り、以後もしばらくの間この頻繁さは続く。そのふたりの親密さが頂点に達するのは、一九二三年のことである。このときラヌは突然ひとりでシャンティニケトンにあらわれる。タゴールはそのままほかのものとともにラヌを連れて、夏を過ごすためにシロン（あの『最後の詩』の舞台となった山あいの土地である）へと赴いた。ここで詩人は前述の戯曲『赤い夾竹桃』を書くのだが、この戯曲の主人公、あの生命そのものであるようなノンディニにはラヌのイメージが重ねあわされていると考えられている。

その同じ年の八月、詩人はコルカタで往年の戯曲『犠牲』を三日間にわたって舞台にかけるが、ラヌもそれに出演することになり、リハーサルのためにラヌをはじめとする出演者たちはジョラシャンコの家に滞在している。この公演の際には、詩人自身はジョエシンホ（あの自己犠牲を遂げる若者の役。このときのタゴールの年齢を考えるとやや「若すぎる」役か）を演じたが、少女役をつとめたラヌの演技も非常に評判が良かったようである。タゴールは当然、『赤い夾竹桃』のノンディニもラヌに演じてもらうことを想定していたろう。事実、詩人はラヌに「ノンディニ役はラヌ以外には考えられないとみなが言っている」と書き送っている。しかしこの願いはかなわなかった。

ジョラシャンコで劇のリハーサルが行われていたころ、自由闊達で生き生きとしたラヌに複数の青年が惹きつけられ、ちょっとしたやりとりがあったらしい。ラヌはすでに十六歳になっており、事態を憂慮した両親は、早々にラヌを結婚させようと動きはじめる。ラヌはこれに反発、タゴールもはじめこれに難色を示すが、翌年詩人が南米への旅をしているころ、つまり詩人の留守の間にラ

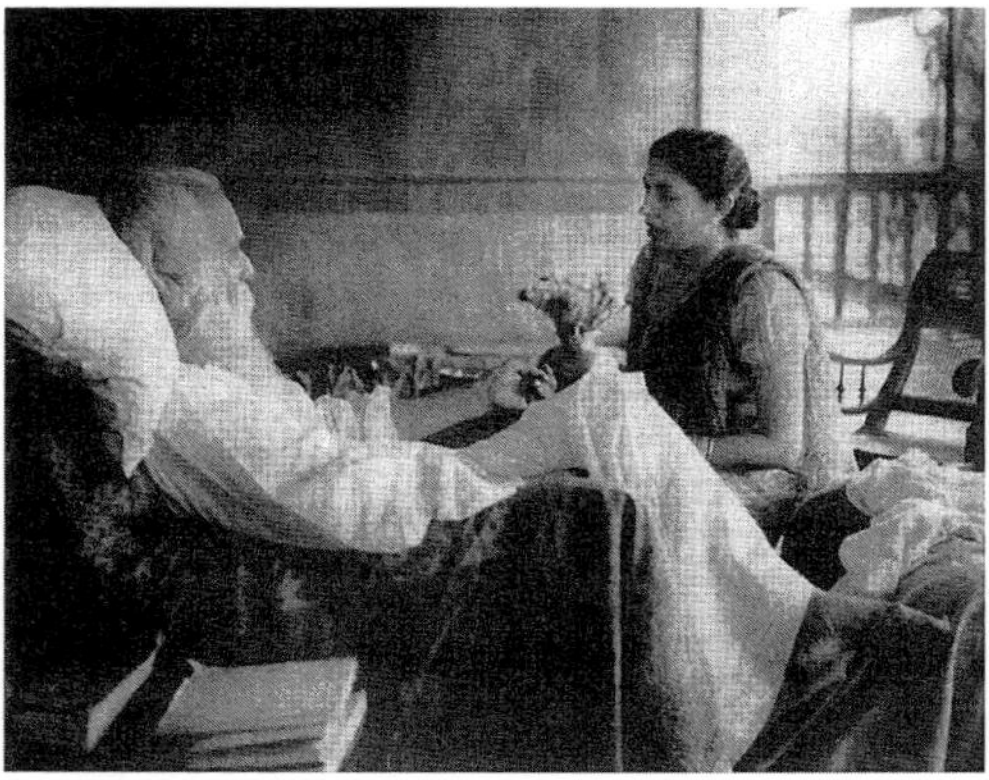
ラヌ・ムカジーとタゴール

ヌの結婚は整えられた。帰国後それを知ったタゴールはとりあえず賛意を示すが、ラヌの両親のみならず、未来の姑たる花婿の母にまでラヌを気遣う手紙を書き送っている。結果的にラヌの結婚生活はまずまず円満だったらしく、結婚後のふたりの関係はずっと距離のあるものとなるが、このラヌとの「出会いと別れ」は詩人にとってどのようなものだったと考えるべきなのか。

前にも名前を挙げた今を代表する詩人兼小説家のシュニル・ゴンゴパッダエが近年発表した小説『ラヌとバヌ』は、このふたりの関係のありように関するひとつの鮮烈なイメージを提供してくれる。小説にあらわれる少女ラヌは、詩人にとってのミューズである。ラヌは詩人の文通相手にして、ときたまシャンティニケトンを訪れる知人の娘として登場する（ここまでは「事実」でもある）。しかしラヌはしだいに詩人にとってある種特別な存在となっていく。すなわちラヌによって詩人は若返り、しばらく忘れていた愛の詩を次々に書くのである。

あるいはまた、数年後に書かれた『最後の詩』を、「もし自分が『タゴール』でなかったら」という仮定のもとでの恋愛小説だと考えてみるのも一興かもしれない。舞台がシロンであることからの連想であるが、主人公の青年をことさらにタゴール嫌いに設定し、まったくの別人となることで若い女性との恋愛を心の中で思い描いてみたとは考えられないだろうか。『最後の詩』のふたりの主人公、オミットとラボンノもまた、お互いに特別な名をつけて呼び合っているのである。

『バヌシンホ・タクルのポダボリ』　ところで「バヌ・ダダ」という名前の由来になったバヌシンホという筆名であるが、これはタゴールが一八八四年に『バヌシンホ・タクルのポダボリ』という詩集を発表したところから来ている。ポダボリは詩篇というほどの意味で、通常中世のボイシュノブ詩人の詩篇を指す。それらはすべて同じ牧女ラーダーとクリシュナ神の物語をうたったもので、タイトルを持たないところから作者の名前をつけて「だれそれのポダボリ」と呼ぶのが慣例となっている。それでタゴールは『バヌシンホ・タクルのポダボリ』と称して、ボイシュノブ風の詩篇を書いたのである。ただ書いただけではなく、詩人はいたずら心を起こして今まで未発見だったポダボリを見つけたとして雑誌に載せたのだった。それを真に受けるものが出るほど、この詩篇はボイシュノブのポダボリらしいものだった。

　ボイシュノブとは本来ヒンドゥーのヴィシュヌ派（ボイシュノブはヴィシュヌ派、すなわちヴァイシュナヴァのベンガル語発音）を意味する単語で、ヴィシュヌ神の化身であるクリシュナと牧女ラーダーの恋物語を描いたこれらの詩篇は、中世ベンガル文学の中核をなした。これらは十四、五世紀から数百年にわたってさかんに書かれたが、以後衰退し、一八〇〇年ごろからはじまる近代化の流れにあっては過去のものとなっていた。それをタゴールがわざわざ再現してみせた意味はいったいどこにあるのか。

ボイシュノブとタゴール　タゴールとボイシュノブ詩人との親和性は、今までさまざまな角度から検討されてきた。ただポダボリが信仰の歌とされてきたことから、特に非ベンガル人にとっては『ギーターンジャリ』イメージの「聖者」タゴールと安易に結びついてしまうきらいがあった。ボイシュノブの詩篇は、実際には「信仰に名を借りた恋愛詩」と言われるほど、生々しく肉感的な作品群である。そして若き日のタゴールは、信仰や象徴としてではなく、むしろこの生々しい恋愛感情に惹かれたのではないか、という考え方もある。

ボイシュノブとタゴールとの関連についてはいったん置いておくとして、このときの名前をラヌとの文通の際に用いたということに、なにか意味はあるのだろうか。シュニル・ゴンゴパッダエが描いたような、老齢に達した詩人が若返って愛の詩を書くというシーンに再び思いをはせてみる。次章でまたあらためて触れるが、タゴールの詩作品は、ある種タゴールという人の人生の軌跡を描いている。しかしそれと同時に、老齢に至っても思い出したように「愛の詩」が蘇ってくるのもまた事実である。その愛の詩の裏に、信仰としてではないボイシュノブ的な詩情を読み込んでみるのも、あながち無理なことではない。

三　異国の女《ひと》

ヴィクトリア・オカンポ　ラヌほど込み入ったものではないが、やはり詩人にとってのミューズであったと目される女性を今ひとり挙げておこう。アルゼンチンの作家で編集者としても名をはせたヴィクトリア・オカンポ（一八九〇～一九七九）である。

ヴィクトリアとタゴールとの出会いは一九二四年に起こった。このときタゴールはペルー独立百年祭に招待され南米に赴いたのだが、船中で体を壊し、アルゼンチンのブエノスアイレスでやむなく下船する。ヴィクトリアはもともとジイドのフランス語訳で『ギーターンジャリ』を読んでおり（ヒメネスのスペイン語訳ではないところがこの人らしい）、少なからずこの詩人に関心を寄せていたらしい。体調不良のためタゴールがブエノスアイレスのホテルで休んでいるという記事を新聞で見るや、ヴィクトリアはそのホテルに駆けつけ、自分のサン・イシドロの邸宅（のちには文人たちを集めてここでさかんにパーティーがおこなわれた）に連れて行ってしまう。

詩人は年が明けるまでの数ヶ月間をサン・イシドロで過ごし、詩集『プロビ』（一九二五）に収

ヴィクトリア・オカンポとタゴール

められたかなりの部分の詩をここで書いた。ここでの日々を詩人はほとんど理想的なものとして回想している。もともと都会の喧騒をあまり好まないタゴールにとって、この郊外の静かな家は理想の場所であっただけでなく、かいがいしくめんどうを見てくれる、理知的なヴィクトリアの存在も大きかったに違いない。その地を去ったあとでタゴールは、ヴィクトリアに宛てて、どれほどあのままサン・イシドロに居続けたかったかを書きつらねている。もちろん実際にはいつまでもそこに留まるわけにはいかず、明けて二五年になって間もなくタゴールはアルゼンチンを離れる。結局ペルーには行かずじまいになった。

帰りの船の出港に関してはひとつのエピソードが伝えられている。サン・イシドロで過ごしていたころ、タゴールはある椅子をいたく気に入り、ひがな一日その椅子に坐っていたのだが、帰国の際にヴィクトリアがその椅子をぜひ持って帰るようにと言ったのである。ところがいざ船に乗せようとすると入り口が狭くて椅子が入らない。行動的でおよそあきらめるということを知らないヴィクトリアは、入り口のドアを壊してまで椅子を積み込ませたという。この椅子ははるばるシャンティニケトンまで運ばれ、ずっと詩人と生活を伴にした。最晩年の詩人は病に臥せりながらこの椅子を眺め、はるか異国の女性に思いをはせる詩を残している。

タゴールとヴィクトリアは以後英語で手紙のやり取りをする。タゴールに負けず劣らずヴィクトリアもタゴールを懐かしみ、ふたりはその中でお互いの友情について再三熱弁をふるっている。由緒ある家系の出で、仮にもみずからものを書き、ボルヘスをはじめとするアルゼンチンの大物作家たちを育てたヴィクトリアに対し、まるで文学上の敬意を払っているようには見えないタゴールに対する批判もたしかに存在する。しかしふたりが出会ったとき、タゴールが六十三歳であったのに対してヴィクトリアは三十四歳、これは彼女が有名な「スル」誌を発行するより以前のできごとであった。たしかにタゴールはこと女性の文才や文学上の業績となると看過するきらいがあり、現実の女性といえば細やかさ、優しさなどを強調する文章が目に付くが、それはまた別の次元の話になろう。

詩集『プロビ』　もうひとつ、わき道にそれる話をしておけば、この詩集『プロビ』は、それを書きながら詩人が奇妙な図柄を描いたことでも知られている。そもそもは詩の一節を消したあとだったのだが、よく子供がする手遊びでもしているように、それを太くしたりさまざまな線を加えたりして詩人は一種の図像化をこころみたのである。ヴィクトリアはこれらの詩人の絵をいたく気に入り、もっと描くようにと励ましたという。それもあってかこのころから詩人の中

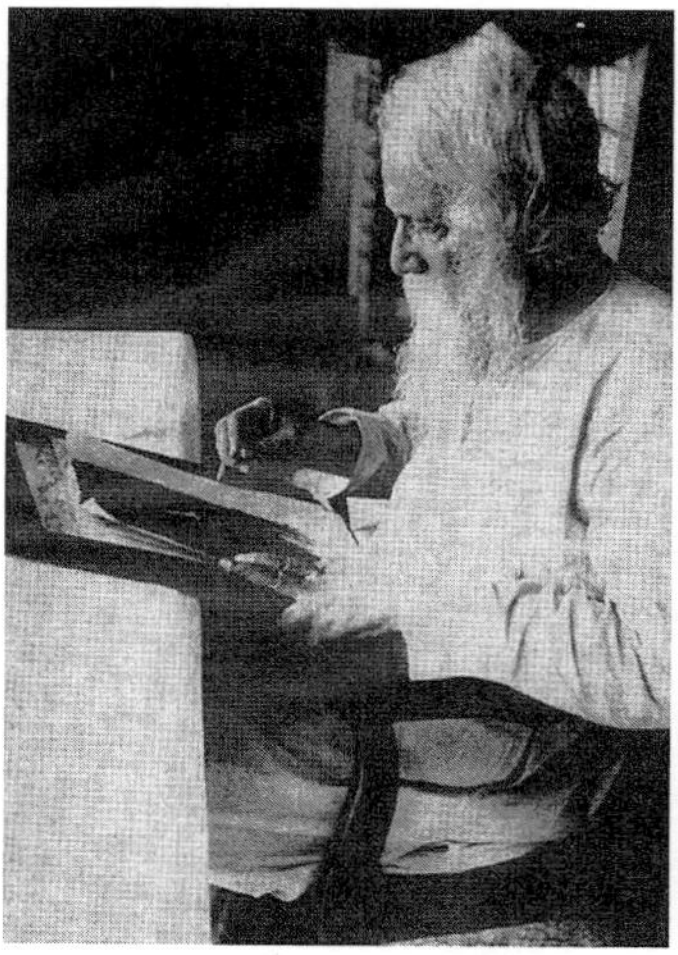

絵を描くタゴール

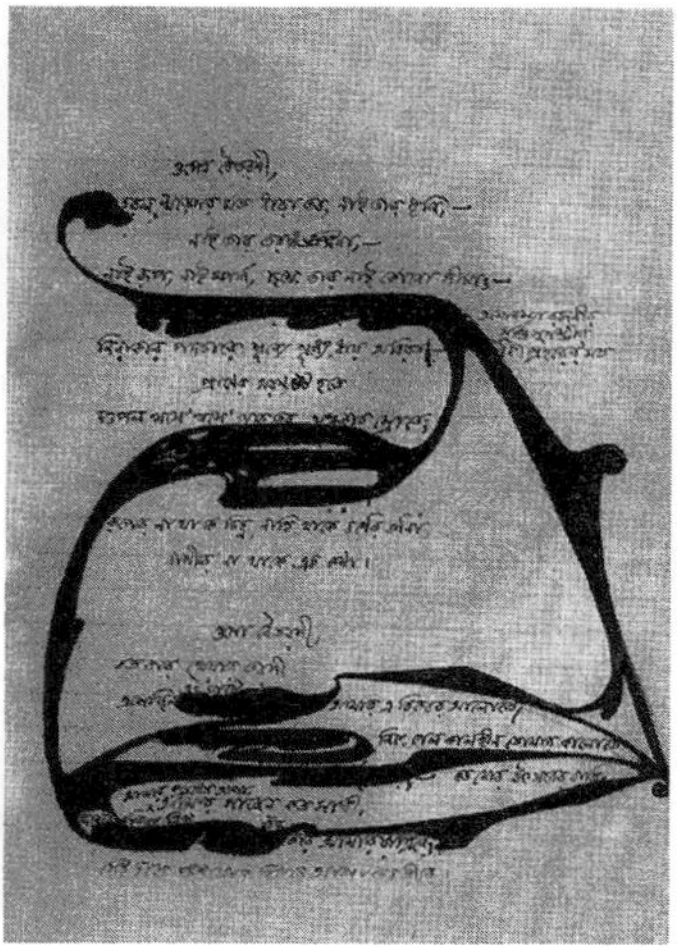

原稿を塗りつぶした図柄

に絵心が芽生え、それはしだいに本格的な絵となり、ついには画展を開くまでになる。一九三〇年のパリでのタゴール絵画展を後押ししたのは言うまでもなくこのヴィクトリアであり、資金もすべてこの富豪の女性が出したものであった。

話を詩集『プロビ』に戻そう。この詩集はそもそも南米行き直前に書きはじめられ、船上でも書き続けられたが、前述の事情によりアルゼンチンに滞在することになった詩人が、残りをその地で書いたものである。この詩集は実は、タゴールの詩作全体の流れにおいてやや異質なものと位置づけられている。おおざっぱに言って、若かりしころの詩人は愛の詩をさかんに詠み、それが神への愛に変質していき、そしてまたそれが晩年に向けてさらなる発展を遂げていくのだが、六十歳を過ぎて書かれたこの『プロビ』には突如若返った如くの愛の詩が溢れているからである。そのひとつの鍵となっているのはおそらく前述のラヌであり

（すでに述べたようにこの旅の最中にラヌの結婚話が進められたのであるが）、そしてもうひとつの鍵はもちろん、ヴィクトリアにあるだろう。

そもそもこの詩集はヴィクトリアに捧げられている。ただし、ヴィクトリアの意味するところをサンスクリット語に移しかえたヴィジャヤーという名のもとに捧げているのだが（またしても特別な名前）。たとえば「わたしはあなたの言葉を知らないが　女よ　わたしはあなたのこの歌を聴く——／愛の客人たる詩人　あなたはわたしの永遠の客人——」と語る「客人」などは、明らかにヴィクトリアに向けて書かれたものである。とはいえ、はっきりとヴィクトリアその人が想起される詩はほんのわずかで、そのうえそのヴィクトリアも、ここに挙げた「客人」のようにおよそ無個性な存在である（そしてそのことに不満を持つ向きももちろん少なくない）。その一方で『プロビ』全体を眺めてみると、詩人のイマジネーションは現実の女性から離れ、どこまでも広がっていってしまうかのようである。

つまり、よくも悪くもこれが詩人にとってのミューズであるということなのだろう。あるいはミューズという、結局のところ現実離れしたものは多かれ少なかれそういうものなのだとも言えるのかもしれない。タゴールはたしかに多くの女性たちに触発されて詩作をなした。しかしタゴール詩の中で女性たちは、たちまちのうちに現実の姿から離れ、象徴と化してしまうのである。

「異国の女」のイメージ

ヴィクトリアは実在の異国の女《ひと》であったが、実はタゴールはずっと以前から「異国の女」というイメージを詩の中で用いていた。たとえば有名な詩集『黄金の舟』（一八九四）の最後の詩「行き先のない旅」は次のようにはじまる。
あとどれほど遠く　わたしを連れて行こうというのか
美しい女《ひと》よ
言っておくれ　どこの岸に　連れて行こうというのか
あなたの黄金の舟は。
わたしが尋ねても　ああ異国の女《ひと》よ
あなたはただ笑う　甘い笑みの女《ひと》よ――
わたしにはわからない　わかるだろうか　あなたの胸に
なにが潜んでいるかなど。

美しい女《ひと》、異国の女《ひと》、甘い笑みの女《ひと》、見知らぬ女《ひと》――導き手である女性を、詩人はさまざまに形容する。この美しくも謎めいた女性は、詩人をいずこことも知れぬ場所へ連れて行こうとする。それがどこなのか、詩人は問い続けるが答えはない。

舟の上でわたしは尋ねる
そこに新しい人生はあるのか
そこで希望の夢はかなうのか
黄金の実りとなって。
わたしの顔を見てあなたは微笑む
なにも言わずに。

ここにあるのはみずからの人生に対する問いである。この人生が満たされるかどうかという問い。そしてここに答えはない。ミューズはまだまだずっと先まで詩人を連れて行くのである。その行き着く先はどこなのか、それに対する答えはひとまず置いておく。ただ、この比較的若年のころの詩においても、人生の意味だけが問われているわけではないことをここでは指摘しておきたい。死というものも人生同様、すでにタゴールにとっては大きな意味を持っていたのだ。

幾度となくあなたに尋ねる
そこに甘美な死はあるのか
平安はあるのか　眠りはあるのか

闇の底に。
あなたは目をあげ　ただ微笑む
なにも言わずに。

「甘美な死」の意味するところは何なのか。そしてそれが平安な眠りであるというのはどういうことなのか。
実はタゴールはこのときすでに身近なものの死を体験していた。それはこの詩が書かれる十年ほど前、つまりタゴールが二十代前半だったころのできごとであり、おそらく詩人にとって最も鮮烈な死の体験であった。

四　孤独のなかで

カドンボリ・デビ　ミューズと呼ぶのは軽々しすぎる、ひときわ詩人にとって決定的な存在であったのが、今まで再三名前が挙がっているカドンボリ・デビである。この二歳年長の兄嫁は、幼いころの詩人の作品の第一の聞き手にして、文学上の導き手であった。タゴールが自分に先立つ世代の詩人としてビハリラル・チョックロボルティ（一八三四〜九四）を高く評価し、特に初期の詩においてはその影響が著しいことはよく知られているが、ビハリラルはそもそもこのカドンボリが好んだ詩人であった。幼い日の詩人が、この兄嫁に感心されたい、それも彼女が賞賛するビハリラルのような詩を書いて自分に関心を惹きつけたい、と思ったであろうことは容易に想像できる。

このカドンボリと詩人との関係、カドンボリの自殺が与えた刻印、そして純粋にタゴールの詩世界に限ったとしてその影響力をどの程度評価するべきかなどの問いは、今まで多くの評論家を悩ませてきた。それに関してタゴールと個人的な親交もあった詩人、シュディンドロナト・ドットは、ふたりは「絶望的な恋に落ち」、ふたりを引き離すために家族はタゴールを結婚させ、それが最悪の結果をもたらした、と解く。ただしこのできごとは、ふたりの出会い以前にまで遡りうる、つまり、幼い日のタゴールの孤独とコンプレックスがこの悲劇のそもそもの発端であるとシュディンドロナトは考える。優秀で多才な兄たち、ただ優秀なだけでなく、社会的にも自分よりはるかに適合できているように見える兄たちと比べて、自分には居場所がないとタゴールは感じていたはずだというのである。たしかに、最終的に文学世界でほとんど絶対的な存在になったがゆえに忘れられがちではあるが、幼いころ小学校も満足に終えることができず、これといってしっかりとした役割を自分からはみつけられなかったことが、タゴールにとって大きなコンプレックスとなって残ってい

若き日のタゴール

た可能性はある。そしてそれゆえ、自分の居場所を見つけられなかった若き日のタゴールは外の世界に対して敵意を持ち、この孤独感がふたりを過度に結び付けたのだとシュディンドロナトは説明する。

若きタゴールのコンプレックス

話がいったんカドンボリから離れるが、このあとシュディンドロナトは、こうした当初の傾向ゆえにタゴールは、結局のところすぐ前の世代や同世代の文人とは共鳴せず、一足飛びに四百年前のボイシュノブ詩人にみずからの詩的源泉を求めたのだ、と考える。この若き日のタゴールのコンプレックスという視点には、多くのことを説明する可能性がある。たとえば第一章、第二章でも垣間見たように、タゴールはほかの文学者としっかりした関係を持たないきらいがあり、このタゴールの、同時代の文学者や世界文学に必要以上に無知を装ったり冷淡だったりした事実にとまどいを感じる読者や評論家は多いのだが、このことも、タゴールが一義的には自分が世界に受け容れられていないと感じていたからだと解釈すれば説明できるかもしれない。あるいは政治運動に対する中途半端とも言えるかかわり方にしても同様である。

孤独とメランコリー

話をカドンボリに戻そう。カドンボリとの関係は悲劇に終わっただけに、その詩的刻印はしばしば悲しみの表現の中に求められる。もっともタゴールの詩篇はそもそものはじめから喜びに溢れたものであったわけではない。初期のタゴール詩には、「滝の目覚め」（一八八二、八三年出版の『朝の歌』所収）のような神秘的合一の喜びがあらわれる一方で、この世界に対するメランコリックな感情も目立っている。たとえば代表的な初期詩集『夕べの歌』（一八八二）に収められた「取り残されて」はこのようにはじまる。

行ってしまった　これ以上　話すようなことはない。
行ってしまった　これ以上　歌うようなことはない。
ただ歌っている　ただ泣いている
わたしの哀れな心は　ただ言っている
行ってしまった　みな行ってしまった
胸は破れ　押しつぶされる。

春が行ってしまうと　雨季が泣きながら言う
花は行ってしまった　鳥は行ってしまった――

わたしだけがここにいて　みな行ってしまった。
昼が終わりを告げると　夜はじっと佇む
そして泣きながら言う
昼は行ってしまった　光も太陽も行ってしまった――
わたしはたったひとり　みな行ってしまった。

この詩には詩人の孤独な魂、めくるめく世界やあちらからこちらへと動き回る人々から離れて存在するそのありようが見えないだろうか。そしてこのあとに、タゴールは決定的な悲劇を経験するのである。

死の衝撃

のちには妻や子の死に次々と直面しなければならなかったタゴールだが、カドンボリの死はその最初にしておそらくは最大の悲劇であり試練であったろう。タゴールは語る。「わたしはそれまで人生の半ばでぽっかりと穴があくようなことがありうるとは知らなかった。（中略）四方の木々や大地や水、月や太陽や星々が確かな真実として存在しているように、それらとともに確かな真実であったもの、あるいは心や体が触れ合える分だけそれらすべてよりもなおいっそう真実だと感じられていたもの、そのすぐそばにいた人が、こんなにもたやすく、一瞬にして夢のように消えてしまうとは。あのとき世界を見渡してみて、わたしは自己が引き裂かれるのを感じたのだった（『回想』）」。それまで予想もしていなかった不条理、世界にはこういうこともありうるのだという体験、つまるところ死というものの存在を目のあたりにして、タゴールの世界は大きく変わらざるをえなかった。しかしその変化は、一見奇妙なかたちを取ってあらわれてくる。

生きる意欲

『長調と短調』（一八二六）はカドンボリの死後ほどなく出された詩集であり、読むものはまずこの中に詩人の悲しみを見出そうとする。悲しみの詩はたしかにある。しかし悲しみは詩集全体を覆い尽くしてはいない。それどころか、この詩集は圧倒的なヴァラエティーを備えている。その中で際立った存在感を持つ詩のひとつが冒頭の作品「いのち」である。「いのち」はこのようにはじまる。

わたしは死にたくない　美しき宇宙に
わたしは人間の間に　生きていたい
この太陽の光の中に　この花咲く森に
いのち溢れる心の中に　もしも居場所が見出せるなら。

生きる意欲に溢れた詩である。これほどの生きる意欲、しかもこの世界、「人間の間に」生きたいという意欲は、これ以前のメランコリックな詩とむしろ鮮やかな対照を見せている。逆説的ではあるが、死というものを目の前にして詩人は生きるということはどういうことなのかを理解したのかもしれない。あるいはここでタゴールは、死を選んだカドンボリに対して、自分は生を選ぶという宣言をしているようにも見える。同じ『回想』で、タゴールは続けてこう述べている。「それでも、この耐え難いような悲しみの中から、わたしの心の中にふっと驚くべき喜びの風が吹きはじめたのだ。そのことに、わたしは自分自身驚きもした。人生は揺るぎない確かなものではないという悲しむべき知らせが、なぜか心の重荷を軽くしたのである」つまりこの体験はタゴールにとって大きな分岐点となり、もともと孤独でメランコリックだった詩人にとっては、むしろ生きる原動力になった面もあるのではないだろうか。そして生きるということは、タゴールにとっては書くこと、とりわけ詩を書くことにほかならなかったのである。

詩の源として

死の衝撃が過ぎ去ってからも、タゴールはカドンボリを思い描いて詩を書くことがままあった。そのうちのひとつ、歌としてもよく知られているものに「君はただの絵」がある。

君はただの絵　カンバスに描かれた――
あの遠くの銀河
大空を住処とする
星々の集まり。
あの太陽や星々
昼も夜も
明かりを手にした闇の旅人。
君はそれと同じ真実ではない。
絵　君はただの絵。
（中略）
目の前に君はいない
目の中に君はいる
だから今日
君は黒より黒く　青より青い。
わたしの世界は
君の中でその内なるものとひとつになる。

わたしは知らない　だれも知ることはない
君の旋律が　わたしの歌に響くことを。
詩人の心の内で　君は詩人である
絵ではない　絵ではない　君はただの絵ではない。

『回想』にあるように、かつて星々と同じように「確かな真実」であったその人は、真実の存在ではなくなってしまった。カドンボリは死して絵となり、確たる存在ではなくなってしまったのである。しかしその人は同時に詩人の中に生き続け、詩人の心、詩を書くという力の源になったのだ。

第七章　詩に生きる
〜詩人タゴール〜

わたしは知った
この世が夢ではないことを。
（『絶筆』（一九四一）所収
一九四一年シャンティニケトンにて）

一　詩作の始まり

タゴールを巡る論争

かつて詩人ブッドデブ・ボシュ（一九〇八～七四）と文芸評論家アブー・サイード・アユーブ（一九〇六～八二）の間で、タゴールの後期詩集を巡って大論争が繰り広げられたことがある。『ギタンジョリ』期の作品をその頂点と考え、後期詩集をあまり高く評価しなかったブッドデブ・ボシュに、アブー・サイード・アユーブが猛然と異を唱えたのがはじまりである。おそらくタゴールの詩の中で、最も評価が分かれるのはこれらの後期詩集であろうが、その場面に到達する前に、われわれはまずタゴール詩の軌跡を辿ってみる必要がある。

タゴールの初期詩集

タゴールのいわゆる初期詩集には、通常一八七八年の『詩人の物語』から八六年の『長調と短調』まで、すなわち十七歳にはじまって二十五歳に至るまでの八つの詩集が数えられる。これらの詩集はおおよそのところ、ロマンティシズム、神秘主義的傾向、そしてメランコリックな情感が渾然一体となったものと言ってよいだろう。タゴールにおいては、晩年に至るまでロマンティックな詩があらわれることはすでに述べたが、ほかのふたつの要素も、さまざまに変容しながらそののちの詩作の基調になっていく。このうち神秘主義的傾向は詩的昇華を伴いながら中盤の『ギタンジョリ』期に頂点を極めるが、メランコリックな情感は紆余曲折を経ながら後期詩集まであらわれ続ける。『夕べの歌』にあらわれた単なるメランコリーが、カドンボリの死という悲劇を経て生きる意欲へと変質した過程はすでに見たが、それで詩人のメランコリックな感覚が消えたわけでは、もちろんない。人生の後半において、詩人の悲しみの表現は「みな行ってしまった」というような個人的なメランコリーではなくなっていくが、それは全人類的な悲壮感へとかたちを変えて最後まであらわれ続けるのである。

古典との出会い

すでに名前を挙げた『バヌシンホ・タクルのポダボリ』もこれらの初期詩集のうちのひとつだが、これが中世ボイシュノブ風の詩篇であり、若き日のタゴールがボイシュノブから多大な影響を受けたことはすでに述べた。詩人はまだ幼いと言ってよいころ、父のコレクションの中にあったジャヤデーヴァの『ギータゴーヴィンダ』（十二世紀）、あのボイシュノブの詩篇のそもそもの源泉となった作品を読み、感動に打ち震えたという。『ギータゴーヴィンダ』はサンスクリット語で書かれており、このときのタゴールはまだサンスクリット語には通じていなかった。しかし詩人はベンガル語から類推できる単語やフレーズを拾い上げながら幾度となくその詩篇を読み、とりわけその韻律の美しさに感動したという。それから数年後、詩人は今度はそれより時代の下った、そしてもうひとりのボイシュノブの源泉とも言うべきビッダポティの詩篇（十四世紀）を兄の書棚に見つけて読みはじめる。こちらはサンスクリット語ではないものの、やはり現代ベンガル語とは異なる言語で書かれていた。しかしタゴールはこれもなんとか読破してしまう。このときも詩人を捉えて離さなかったのは、その韻律の美しさであった。このようにしてタゴールは、みずからがボイシュノブ風の詩篇を書くまでになったのである。

モドゥシュドン・ドット

ところでタゴールが生まれたころベンガル詩壇の中心に存在していたのは、ベンガル近代詩の生みの親とも言えるモドゥシュドン・ドット（一八二四〜一八七三）だったのだが、タゴールは最後までこの詩人を高く評価することはなかった。もともと英詩人としてスタートし、英国的な意味でスタイリッシュだったモドゥシュドンに、タゴールは心理的にしっくりしないものを感じていたようである。しかしそれ以上にこのふたりの詩的情緒はおよそ異なっている。どちらかといえばそれまでベンガルでは希薄だった叙事詩系の詩風を持ち、英詩のスタイルを強く意識していたモドゥシュドンに対し、タゴールはすでに見たとおり抒情詩系の中世ベンガル文学を引き継いだ詩人であり、スタイル的にもタゴールの真骨頂はベンガル語の音価を最大限に引き出すその韻律にあるからである。タゴールが本格的に詩才をあらわす前にモドゥシュドンは亡くなってしまったので、このふたりの間には直接確執があったわけではない。しかしタゴールの作風には、モドゥシュドンによって近代的発展を遂げつつあったベンガル詩を断絶させるような側面もあり、そのせいもあってか、当初のタゴール詩の評判はあまり芳しいものではなく、たびたび批判を浴びている。

タゴールへの批判

タゴールへの批判といえば、詩といわず、散文といわず、スピーチの類ですら、曖昧であるということにつきるだろう。そしてタゴール詩はそもそものはじめから曖昧であると批判された。しかしこの曖昧であるというのはいったいどういうことなのだろうか。タゴール自身が自分の感覚や考えをはっきりと捉えられていないということなのか。そうではあるまい。それでは自分の感覚や考えをクリアに伝えられないということなのか。それも少し違う。タゴールに欠点があるとすれば、それはすでに引いたシュディンドロナトの批評やさまざまな人間関係および社会関係上の齟齬にも見られるように、その時代、あるいは世界という文脈を十全に読み込むことができず、そこにすんなりと自分の身を置けなかったことにある。つまりタゴールには、よくも悪くも時代や世界から切り離されて存在する面があったということである。若き日の詩人は、いわばタゴールという世界を作り上げ、その中に存在しようとしていたと言ってもよいかもしれない。その中に入ればタゴールという原理によってすべてが説明され、完璧であるような世界。こうした世界の原理を外の世界に伝えるのは至難の技である。そしてその中に入り込めば自明なことであっても、外から見ればそれらすべてが曖昧になってしまう、ということではなかったか。おそらくタゴールは、幼いころから自分が周りの世界とどこかちぐはぐであることを感じていた。しかしタゴールはそのやり方を変えようとも、周りの世界に自分を合わせようともせず、ひたすら黙々と書き続けていったのである。

二　「行き先のない旅」から「道の終わり」へ

『心の女《ひと》』　『長調と短調』のあとに出されたのが、それまでの詩作の集大成ともいえる『心の女《ひと》』（一八九〇）である。これはそれ以前の三年間にわたって書かれた詩を集めたもので、それだけに大部でヴァリエーションにも富んでいるのだが、それでもここで目立つのは愛の詩である。そしてもちろん、これらはただの愛の詩ではない。タイトルから予想されるように、「心の女（manasi＝「心」をあらわす「manas」の女性形で、心の中に存在する理想の女性を意味する）」とは現実の女性ではなく、すぐれて象徴的な存在である。

そしてまた、この詩集にあらわれる愛の詩の多くが失望と悲しみによって彩られていることも幾度となく指摘されてきた。詩人は「心の女」を求めているが、その人を得ることも、得るという望みを持つこともできない。たとえば、自分が遠くへ行ってしまい、愛が遠い昔の話となってしまっても覚えておいて欲しいと訴える「それでも」、クリシュナ神を恋したラーダーに思いをはせ、ふたりが逢引をしたブリンダボンは今でも人の心の中にあると語る「このとき、そのとき」、あるいはどれだけ探し回ってもあなたを見出すことができないという悲嘆を語る「満たされない望み」など、ここにはさまざまな別れの情景、満たされない愛の情景がうたわれる。もちろんこれらを現実の愛の情景として読むことは可能である。けれども多くの愛の詩がそうであるように、「あなた」は心の中に住む理想の女性《アイドル》であり、それゆえ手に入れることはできないのだし、だからこそなおいっそう詩情は高まるのである。

『黄金の舟』

『心の女』の次に歌の本をはさんで出されたのが、前にも言及した『黄金の舟』（一八九四）である。ここに含まれる長詩「美しき心の女《ひと》（manas sundari）」を見ればわかるように、依然として詩人は『心の女』とよく似た地平にとどまっている。ただし『黄金の舟』は、その大部分がシライドホで書かれたもので、その地で詩人がいかにベンガルの文芸伝統を発見し、それらに共鳴したかについてはすでに述べた。そのため『黄金の舟』の詩情は、ベンガルで長きにわたって培われてきた詩的情緒にぐっと近づいている。

この詩集で最もよく知られているのは表題作でもある冒頭の「黄金の舟」だろうが、その最後を飾る「行き先のない旅」もまた、示唆に富み、しばしば引用される作品である。前章ですでに触れたこの作品を今一度思い起こしてみよう。「あとどれほど遠く　わたしを連れて行こうというのか／美しい女《ひと》よ／言っておくれ　どこの岸に　連れて行こうというのか／あなたの黄金の舟は。」と詩人はこの詩をはじめる。ここであらわれる未知の女性は、ただの理想の女ではない。いつの間にか美しき女は詩人の心の中に住む不動のアイドルという枠から出て、詩人にとっての導き手になっているのである。こうして三十代にはいった詩人は、ロマンティックでメランコリックな日々を終え、謎の美しい女に導かれて旅立っていく。この先繰り返しあらわれる旅をテーマにした作品からもわかるように、その道程はけっしてなまやさしいものではなかった。しかし行き先もさだかではないその旅を放棄することなく、みずからの行き先がどこなのか、謎の女はいったいだれなのか、その答えを詩人は探し続けるのである。

『チットラ』

『黄金の舟』の次の詩集『チットラ（絵のような女）』（一八九六）には、タゴールが次なる地平を開くための第一歩ともいえる作品がつらなっている。表題作でもある冒頭の詩「チットラ」で、詩人は再び謎の存在に呼びかける。いわく「さまざまなかたちをとるもの（bicitrarupini）」、「内なる世界に広がるもの（antarbyapini）」などなど。これらは依然として女性形を取っているものの、美しき理想の女性というイメージは明らかに薄れ、無性的な存在へと向かっていっている。そしてその先にあらわれるのが、有名な「生命神（jiban debta）」なのである。

しかしこの時点でタゴールがみずからの神を見出したとみなすのは早計だろう。そもそも「生命神」はいわゆる「神」を指すものではない。詩人本人によれば、それは「聖典類に書かれるような神（isbar）のことではなく、まったくわたし個人のもの」であり、いわば内なる詩神、創造力の源のようなものなのである。そしてまたこの詩集にも、「いまだそこへは到達できない」という情景があらわれる。たとえば「夕べ」と題する詩はこのように終る――「孤独な大地の／茫漠たる心から湧き起こるのは／深くそして苦しい問い／傷つき疲れ果てたその旋律は／虚空に向かって問う――／「さらにどこへ？　あとどれほど遠くへ？」」

『想像』

こののち詩人は長詩『河』（一八九六）、短詩『小さきもの』（一八九九）、そして一九〇〇年には相次いで四冊の詩集を発表するが、依然としてその答え、自分がどこへ向かっているのかは見出されていない。その苦しみをうたったものとして、一九〇〇年の四冊の詩集のうちのひとつ、『想像』に収められた「苦悩のとき（duhsamay）」が挙げられる。ここで詩人はみずからの分身ともいえる「わたしの」鳥に呼びかける。歌が止み、伴にいるものもなく、疲れ果て、疑いが心に響こうとも、羽根を止めることなかれ、と。詩人がこの鳥に「盲目の（andha）」と呼びかけていることは注目に値する。もちろんこの単語は、すぐそのあとの「(羽根を) 止める (bandha)」と音を合わせるための選択でもあるが、自分の辿っている道筋がいかに心もとないものか、行き先も道程もかいもくわからないものであるかをもあらわしている。下には海が広がるばかりで羽根を休める場所もない。それでも詩人はためらうことなく、先へと鳥を、つまり自分を進ませる。そしてついには遠くの岸でだれかが呼んでいる声を耳にするまでに至る。しかし最後のスタンザで言うように、四十歳を目前にしたここでの詩人は、「恐れもないが希望もない」という状態にあった。

『捧げもの』から『渡し舟』へ　そして明けて一九〇一年、いよいよタゴールの詩的世界は大きく転換していくことになる。つまりこの年、広い意味での神秘主義詩集の第一作目となる『捧げもの』が出版されたのだ。「広い意味での」と断ったのは、これらの作品が『ギタンジョリ』とは一線を画したものになっているからである。そもそも『捧げもの』は父デベンドロナトに捧げられており、これらの詩を朗読した際、父がいたく感動し誉めそやしたというエピソードからもわかるように、ここには父その人の精神世界の影響が色濃くあらわれている。タゴールが真に自分の世界を見出すには、もう一皮むける必要があったのである。

第一章で見たように、タゴールは一九〇二年に妻を亡くし、〇三年に次女を亡くし、そして〇五年には父を亡くしている。そしてその間、みずからの学園を軌道に乗せるべく奮闘し、子供たちのめんどうを見、そしてなによりみずからの人生を見つめなおさざるをえなかった。こうした時期を経て一九〇六年に、再び広い意味での神秘主義詩集第二作目となる『渡し舟』が出されたのである。

「道の終わり」

『渡し舟』には美しい作品が多々収められているが、『黄金の舟』以来繰り返し見られるモチーフ、なにものかを求めてさまよう詩人の究極の姿が見られる「道の終わり」を引いてみよう。「道の終わり」はこのようにはじまる。

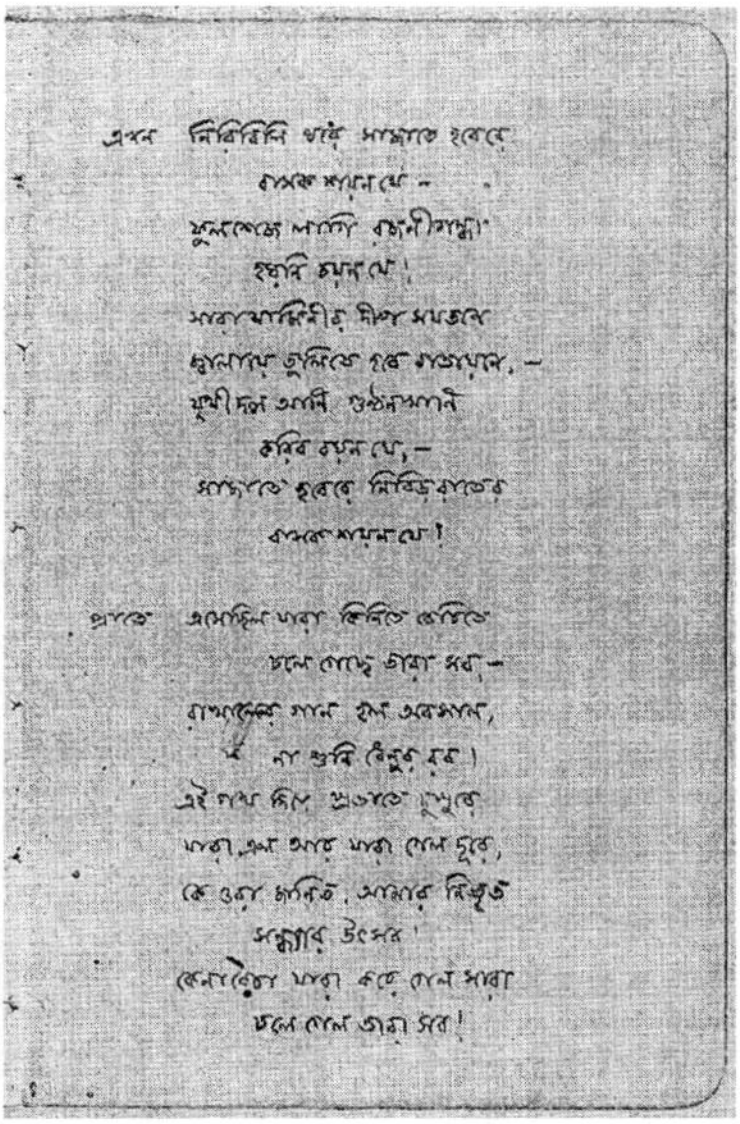

『渡し舟』の草稿

道がわたしを惹きつける
道がわたしを呼んだのだ――
そのとき太陽はまだ東の空の足元に
舟もいまだ岸に繋がれたままだった
そのとき花に降りた朝露はいまだ乾かず
シヴァの寺院でほら貝の音が響いていた。

ここにはもはや詩人を導く謎の女性は存在して

いない。道そのもの、つまり旅あるいは道程そのものが詩人を惹きつけたのである。こうして旅立った詩人は、くねくねとした道、さまざまな旅人が過去に辿ったさまざまな国の道をたどる。この詩の中盤で詩人は語る。なぜ、なんのために、道また道へとさまよい歩いているのかなど考えもしなかったと。そしていつの間にか長い年月が経ち、詩人は遠く離れたところまでやってくる。その末に詩人は最終スタンザでこのように言うのである。

多くを見て　いまや命は疲れ果て
わたしはすべての理由《いわれ》のない希望を捨てた。
(中略)
わたしは知っていた　だれのためにやってきたのかを
わたしはすべての理由のない希望を捨てた。

同じ旅をモチーフにしていても、ここでは「行き先のない旅」や「苦悩のとき」とは微妙に力点が違ってきている。旅立ちはすでに過去のこととして回想されており、そしてまた、「苦悩のとき」のような先の見えない旅の半ば、という情景でもない。つまり、終わりが見える地平までやっとたどりついたのが「道の終わり」であるというわけである。「苦悩のとき」の「希望がない」わたしではなく、「理由のない希望を捨てた」わたしがここにいる。そしてそのわたしが「だれのために」これだけの道を経てきたのかを「わたしは知っていた」と詩人は言う。なにかを求めていながらそれがなんであるのかわからない、自分の辿っている道がどこへ自分を導いていくのかわからない、そうした長いトンネルを潜り抜けて、詩人はそもそも自分がなにに向かってきていたのかをついに見出したのである。

三『ギタンジョリ』

『ギタンジョリ』の美

こうして五十歳になろうというころ、詩人はひとつの頂点というべき詩情に到達する。みずからが向かってきた先、つまり内なる神、しかしブランモとしての信仰のありようを含めて既成の神ではない、詩人の心が絶対普遍と認識できるものとの合一という地平である。それは『ギタンジョリ（歌の捧げもの）』（一九一〇）、『ギタリ（歌の束）』（一九一四）、『ギティマッロ（歌の花環）』（一九一四）という三つの詩集に集約された。これらは詩であると同時に歌でもあり、その見事な韻律、ベンガル語の音価を最大限に引き出した、それでいてそれ以前には見られなかったスタイルは、ベンガル詩のありようを大きく変えるものでもあった。

ブッドデブ・ボシュ

それらは前にも述べたように、タゴール自身が「はじめて自分自身のものと納得」できるものだっただけではなく、どれほどタゴールに批判的なものでさえこの完璧な美を認めずにはおれないという出来映えだったのである。その完璧なベンガル語を翻訳によって伝えることはできないが、ブッドデブ・ボシュ（前にも引いたポスト・タゴールを代表する詩人）の次の言葉から『ギタンジョリ』の美しさをうかがい知ることはできるだろう。

ロビンドロナト（タゴール）のような言葉にたけた詩人にとって、その内面に根ざした必然的ともいえる抑えた表現がいかに効果的であったかは、そののちの『渡り飛ぶ白鳥』や『プロビ』の甘くも情熱的なありようを思い起こせばはっきりと理解することができるだろう。（中略）『ギタンジョリ』期の作品群は、真に詩であり、韻律技法の面でも輝かしい道標となっている。すなわちこれらは詩としても自らの足で立つことができるものなのである。歌となったがために、ベンガル全土においてこれらの人気はそれに匹敵するものを持たないものになったのではあるが。（中略）『ギタンジョリ』のようなそれ自体完璧な作品を目にすると、われわれはこれ以上なにもつけ加えたくなくなる。

『ギタンジョリ』にしか触れたことのない読者にはイメージしにくいかもしれないが、そうしたいと思えば、タゴールがいかに華麗かつ饒舌にものごとを表現し、ありとあらゆる言葉の技法を駆使することができたかは、例えば「シャージャハーン」などの長詩をひとつ見てみるだけでも充分であろう。そのタゴールが、ぎりぎりまで抑えた表現を用いた意味は計り知れない。そしてそこにあらわれた韻律は斬新であると同時にシンプルかつ完璧であり、歌として広く愛されると同時に、独立した詩篇としても完全なものであったとブッドデブは評価する。ひとりブッドデブのみの見方ではない、これが詩人や評論家を含めておおかたのベンガル人が感じるところなのである。

『ギタンジョリ』の詩篇

このあまりにも有名な詩集からほんの一節を引いてみる。

あなたの玉座より降りて
あなたはやって来た――
わたしの人気《ひとけ》のない家の戸口に
やって来て立ち止まった。

ひとり佇みわたしは
一心に歌をうたっていた
その旋律があなたの耳に届き
あなたはやって来た――（第五十六歌）

『ギタンジョリ』の多くの詩の背景となるのは、孤独な情景である。そこにはわたし以外だれもいない。しかしこの孤独は、『夕べの歌』のころの孤独となんと異なっていることか。みなが行ってしまい、ひとりとどまる家に「あなた」が訪ねてくる。ここに詩人は自分がひとりであることの意味を見出したのである。こうして詩人は究極の意味、待ち望んだものとの合一という地平に到達し、三詩集はしだいに歓喜のイメージに彩られてゆく。

詩人が待ち望んでいるものは、詩の中で旅人としてあらわれたり、恋人としてあらわれたりする。旅人は詩人の家を訪ね、あるいは詩人は恋人を待つ。次に引く詩は、タゴールによって極限にまでシンプルに昇華されたボイシュノブ的なモチーフを持っている。

今宵嵐の晩に　あなたとの逢引
生命《いのち》の友よ　ああ　わたしの人

希望をなくしたように　空は泣く
わたしの目に　眠りは訪れぬ
戸を開けて　ああ　愛しい人
幾度となく　わたしは外を見る
生命の友よ　ああ　わたしの人（第二十歌）

『ギタンジョリ』、『ギタリ』そして『ギティマッロ』という三詩集がひとまとまりのものであることはすでに述べたが、それでもこの三詩集はそれぞれ微妙に異なるトーンを持っている。たびたび引用しているションコ・ゴーシュにはこの三詩集の秀逸な比較があるが、それによれば、家とその外の世界とのはざまで待つこの二十番の詩のような情景は『ギタンジョリ』に最も多くあらわれ、『ギタリ』『ギティマッロ』と進むにつれ、しだいにみずから外へ出て行く情景が増えていくと言う。この「待つ」情景、希望を、それも確とした希望を持ちながらもいまだ嵐などに阻まれている苦悩の情景は、一番はじめの『ギタンジョリ』に典型的なものである。そしてこの苦悩の表現にもかかわらず、あるいはそれがゆえに、三詩集のうち最も人々に愛されるのもまた、『ギタンジョリ』なのである。

こうして『ギタンジョリ』はベンガル詩の金字塔となったが、それは結果として人々が「タゴールの世界」を共有するに至ったということでもあった。つまり、たちどころではないにせよ、最終的にタゴールの詩篇は、これこそがベンガル文学の中核であると認められたのである。

四　後期詩集と散文詩

後期詩集を巡る論争

そして問題の後期詩集である。この章のはじめに言及した論争に戻れば、ブッドデブ・ボシュはタゴールが五十歳前後で到達したこれら『ギタンジョリ』期の作品群を最高峰と考え、それ以降の詩をあまり高く評価しなかったのに対し、アブー・サイード・アユーブはそれ以降の作品をより高く評価したのであった。このいずれの論点にも一理あり、またいずれの論者にも多くの賛同者がいる。この両者の違いについて、ションコ・ゴーシュはこう語る。みずからも詩人であったブッドデブ・ボシュはいかに書くかを問題にし、文芸評論家であると同時に哲学者でもあったアブー・サイード・アユーブはなにを書くかを問題にしたのだ、と。そしてションコ・ゴーシュ自身は、なにを書くかという観点ではアユーブ同様後期詩集を高く評価しながらも、スタイルの完成度という点では後期詩集には『ギタンジョリ』に及ばないものも含まれている、とする。これらを最終的にどう評価するかはともかく、『ギタンジョリ』期の三詩集以降、タゴールがドラスティックに変化したことは衆目の一致するところである。そしてそれは、その長い創作人生の中での唯一にして最大の変化と言えるものであった。

『渡り飛ぶ白鳥』

それではタゴールはどう変わったのか。それは『ギティマッロ』直後の詩集『渡り飛ぶ白鳥』(一九一六)にはじまる。このタゴールの変化のひとつの要因として必ずと言っていいほど挙げられるのが第一次世界大戦の勃発であり、たしかにこの詩集には、大戦開始直前に書かれたそれを予感させるものや、大戦勃発の知らせを受けてからの、荒ぶる神ルドラ神を取り上げたもの、あるいは世界の苦しみを詠んだものなどがあらわれる。しかしこの事態、この世界にあって、そのとき詩人自身がどうあったかを知る鍵は次の一節にある。

新たな岸へと向かって
舟を漕ぎ出さなければならない
舵取りが呼んでいる
命令が下ったのだ――
港に繋がれているときは　いまや終わりを告げた
古い荷を携えて　ただ売り買いをするようなことは

テラスに坐るタゴール

もはやできはしない。（三十七）

このとき世界は、大戦によって終末に向かっているように見えたかもしれないが、ここで終ろうとしているのはタゴールの世界である。つまりタゴールは、長い道程を経て完成させた『ギタンジョリ』の世界にとどまることをせず、新たな世界に向けて漕ぎ出そうとしていたのである。求めていた詩的世界が完成し、世界がタゴールの世界を受け容れ、そうしたければ栄光とともにその世界に安住することもできた詩人は、みずからその世界に終わりを宣言し、出て行こうとしていた。そして出て行く先は、現実の、不条理の、悲劇が覆わんばかりの世界に他ならなかった。

『木の葉の皿』

ところで『ギタンジョリ』においてベンガル詩の韻律を完成したかに見えたタゴールは、そのスタイルにおいても次なる一歩を踏み出すことになる。その最大のものが散文詩というきわめて現代的なスタイルなのだが、それはあたかもその後のテーマとなるこの世の不条理、不整合さと一致しているようにも見える。その散文詩の最高峰とも言われる『木の葉の皿』(一九三六)には、タゴール自身の生涯とも重なる傑出した長詩が含まれている。後期詩集の代表作として、この詩集の十五番目の作品を見てみよう。その詩はこのようにはじまっている。

彼らは低い生まれのもの　真言《マントラ》を奪われたもの。
神の家たる寺院の戸口から
彼らを締め出すのは　祈りを商いとするもの。
（中略）
わたしは見た　一弦琴を手に歌の流れに身をまかせ
心の人を捜し求める彼らを
奥深い人気《ひとけ》のない道で。

このはじめのスタンザにあらわれる人々は明らかにバウルをイメージしている。すでに述べたように「心の人（maner manush）」という呼び名もバウル独特の表現である。そして次のスタンザで詩人は、自分が彼らの一員であると語る。

詩人であるわたしは　彼らの一員である——

わたしは生まれの卑しいもの《ブラット》　わたしは真言《マントラ》を持たぬもの
神を閉じ込める寺院には
わたしの捧げものは届かなかった。
神官が笑みを浮かべて寺院から出てくる　そして
わたしに尋ねる――おまえの神を見てきたか？
わたしは答える――いいえ。
驚きを浮かべて再び尋ねる――道を知らないのか？
わたしは答える――いいえ。
彼は尋ねる――おまえには生まれ《ジャート》がないのか？
わたしは答える――いいえ。

第三章で言及した「ブラット」という単語は、ジャーティすなわちカーストを持たないもの、ヒンドゥー的階層の中では、カーストからはずれた卑しむべき存在を指す言い方である。タゴールの生い立ち、信条からしてみればあり得る表現でもあり、またこの表現はタゴール特有の孤独なありよう、この世界にすんなりと所属できないありさまをも表していると言えるが、このようにみずから称し、さらに繰り返しこう語ることは衝撃的でもあったろう。そのためか、このタイトルを持たない詩はしばしば「わたしはブラット」の詩と呼ばれる。

次の第三スタンザでは、このような存在である「わたし」の祈りがどこにも届かないさまが語られ、次いで第四スタンザで詩人は子供のころを振り返る。それははじめある種の歓喜に彩られ、幼い日の詩人は自然との一体感を感じているのだが、それは孤独の裏返しでもあることがほのめかされる。そしてさらに次の第五スタンザで、詩人はその幼いころの孤独を語るのである。

タゴールの自画像

子供のころ　仲間はだれもいなかった
たったひとりで日々を過ごし
ひたすら遠くを眺めていた。
（中略）
彼らにはきちんとした住処がある　みなが一緒に住む——
彼らが決まった道を行き来するのを
わたしは遠くから見ていた
わたしは生まれの卑しいもの　わたしはどの列にも属さない。

教典に拠って立つ人々は　わたしを人間とは認めなかった
だからわたしは道のあちこちの交差点で　ひとり遊びを繰り広げ
彼らはそれをよけて通った
汚れぬように服の裾を持ち上げて。

こうして大人になった詩人はひとりの女性と結ばれる。第六スタンザにあらわれる女性には、詩というイマジネーションの中にありながら、どこかあの目立つことのなかった詩人の妻を思わせるところがある。

ある春の日　孤独なわたしの森にひとりの女がやって来た
恋人の甘い姿で。
（中略）
その両手でわたしの手を取り　君は言った——
あなたはわたしを知らない　わたしはあなたを知らない
そんなことが今日このときまで　どうしてありえたのかしら
とわたしは思うの。

わたしは言った――ふたりの知らないものの間に
永遠の時間をかけて　わたしたちふたりで橋を架けよう
すべてを知ろうとするこの世界において。

続く第七スタンザで、詩人はこの女性を愛したと言う。その愛の流れは、よく見知った村の川のようでもあり、そしてその愛がその女性をときにいとおしみ、ときにからかい、ときに傷つけたと語る。しかし詩人にとっての女性はこれでは終らない。次の第八スタンザでは「愛のもうひとつの流れ」が語られる。

わたしの愛のもうひとつの流れは
偉大な海の大いなる徴候《しるし》を運ぶもの。
高貴な女《ひと》がその水に浸り
底知れぬ深みから立ち上がる。
その女《ひと》は無限の観想としてあらわれる
わたしの体に　心に――
それはわたしを完全なものにする　わたしの言葉を。

ここにあらわれるのはもはや現実の女性ではない。「心の女」とも言えるその存在はしかし、単なる理想のイメージをも超え、すべての力の源であるショクティ（サンスクリット語でシャクティ、根源的な力の象徴である女性原理のこと）へと膨れ上がってゆく。このショクティは女神信仰をその根幹となすベンガル人にとっては、世界の原理でありすべてを解き明かす原点となるべきものなのだが、次の第九スタンザでは、そのショクティこそが世界を救う鍵であることがほのめかされる。

歴史の創造の玉座で
その女《ひと》を見た　神の左の傍らに。
わたしは見た　美が汚されるのを
この上ない不純と醜悪さに触れて
そしてそのとき　あのドゥルガ女神の第三の目から
すべてを焼き尽くす炎が放たれ
疫病の隠れ家が破壊されるのを。

詩人はここで歴史を語っている。そしてこの歴史、そのような世界におけるみずからの生の意味を、最終スタンザとなる第十スタンザで詩人は語る。

1940年のタゴール

わたしの歌には日々蓄えられていった
創造の原初の神秘が　光の顕現が
創造の終焉の神秘が　愛の甘露が。
わたしは卑しい生まれのもの　わたしはマントラを持たぬもの
あらゆる寺院の外で
わたしの祈りは今日　完成された
　神々の世界から
　人間の世界に
　天空に輝く人間に
　心の人に　わたしの内なる喜びに。

後期詩集の段階、人生最後の日々にあって、詩人の目は「神」を離れ、人間へと向かっていた。そしてその人間とは、バウルの「心の人」という表現を借りながらも、それとはまた異なるタゴールにとっての「全人格的人間」を指向している。そしてまた、みずからを「ブラット」と規定したタゴールは、その祈り、そのありようの意味をも悟ったのである。

五　世界の不条理と晩年のタゴール

最後の執念

時間は若干遡るが、『渡り飛ぶ白鳥』（一九一六）を発表したあとのタゴールの詩作にはめずらしく停滞している感がある。もちろんまったく詩集を出していないわけではないのだが、『童子ボラナト』（一九二二）や短詩集『書きなぐさみ』（一九二七）のような軽めのもの、あるいは前章で取り上げた『プロビ』（一九二五）のようにむしろ若いころの詩調につらなるようなものが目立つ。そのタゴール詩が最後の山場を迎えるのは、一九三二年の『終焉』あたりからである。この最後の十年間（さきほど見た『木の葉の皿』も含まれる）に再びタゴールは驚くべき創作意欲を見せている。ションコ・ゴーシュの試算によれば、タゴールの全詩篇二千百あまりのうち（英詩はもちろん、短詩や、詩から歌へなどのヴァリエーションは数にいれないでの話である）、実に八百編あまりがこの最後の十年間、大目にみつもっても十二年間に書かれているという。これほどの執念をもって、七十代に突入した詩人はいったいなにを書こうとしていたのか。

世界の不条理

そのひとつのテーマはこの世界の不条理である。その典型的な作品としてしばしば引用される『終焉』の「問い」という詩はこのようにはじまる。

神よ　あなたは時代の変わるごとに使者を送ってきた　幾度も幾度も
この無慈悲な世界に
彼らは言った「すべてを許せ」と　そして言った「愛せ」と——
そのあとで詩人は自分が見てきたもの、この世の非情を語り、最後にこう結ぶのである。

あなたの風に毒を満たすもの　あなたの光を消し去るもの
その彼らをあなたは許したのですか　あなたは愛したのですか。

書きものをする晩年のタゴール

これと同種の問いは、晩年のタゴールの作品にたびたびあらわれる。たとえば死の前年に出

タゴール最後の誕生日

された一九四〇年の『みどり児』にも、タイトルも同じ「問い」という作品や、「なぜ」というよく似た作品が含まれている。この時期、世界では第一次世界大戦の記憶がいまだ薄れないうちに、第二次世界大戦へと突入していく暗雲が立ち込めていたのだが、詩人の心もそれと呼応するように、この世の悲劇、不条理を解き明かす地平をめざして模索しているかのようである。晩年にはタゴール自身も体調を崩し、危機的な状況に陥ることもままあった。あるときは意識不明に陥り死を垣間見る。そうした生と死の極限の状況をくぐりぬけながら、詩人は繰り返し同じ問いかけをするのである。

『絶筆』

タゴール最後の詩集、『絶筆』は、もはや病のために起き上がることもできなくなった八十歳の詩人が口述筆記によって残した作品である。詩人は亡くなる八日前まで、まさに執念によって詩をしたため続けた。一九四一年の七月末日に詩人はコルカタで手術を受けたが、その日の朝に書き留めさせたものが最後の詩となった。このとき詩人は「最近はすぐ疲れてしまう。手術をすればよくなると医者が言うから、あとで手を入れることにしよう」と語ったと伝えられる。

最晩年の詩人を訪ねたブッドデブ・ボシュは、どのような状況にあろうとも「詩作上のどんな不整合も許すことができない」タゴールの姿に驚嘆したと伝えているが、この最後の詩に手を入れることはかなわなかった。手術後の詩人は充分に快復することなく亡くなったからである。

このように『絶筆』の詩篇は、まさにぎりぎりのところで詩人が最後の力を振り絞って書いたものである。次に挙げる十一番目の詩は、亡くなる二ヶ月半ほど前にあたる一九四一年五月一三日の深夜三時過ぎ、おそらくは眠れぬ晩に書かれている。

ルポナラヨン河の岸で
わたしは目覚めた
わたしは知った
この世が夢ではないことを。
血の文字でしたためられた
わたしの姿を　わたしは見た
わたしは　わたしを知った
衝撃のたびに
苦悩のたびに。

シャンティニケトンでのタゴールの家のひとつ

真実は過酷である
その過酷さをわたしは愛した
それはけっしてわたしを欺きはしなかった。
この人生は死に至るまでの苦しみの道程である
真実というおそるべき価値を手に入れるための
死によってすべての負債を支払うための。

八十年の長い道程の末の「わたしは知った　この世が夢ではないことを」という一節は重い。しかし詩人は衝撃や苦悩によって「わたしを知った」と言い、真実の過酷さこそを愛したという。この力強さ、多くのものを見、多くのことを経験してきた末に、この世の不条理を凌駕する地平をなんとか模索しようとする生命力は驚嘆に値する。もちろん不条理を凌駕する地平などというものは、だれも到達しえない地平でもある。おそらく生きている間は。だからこそ、詩人の最終的な問いには答えがない。同じく『絶筆』の中でも特に有名な十三番の詩で、「はじめの日の太陽」が問いかけるのも、基本的に同じこの世界に対する根源的な問いである。太陽は問う。「おまえはだれか」と。答えは得られない。日の終わりに再び太陽は問うが、やはり答えは得られない。この問いをかかえたまま、詩人はこの世を去った。一九四一年、八月七日のことであった。

大いなる未完成

個人的な悲劇は多々あったものの、タゴールはそれすら創作の糧として、文学者としては順調すぎるほど順調な創作人生を送ってきたように外からは見える。少なくとも、文学的栄誉には恵まれた人生であったと言えるかもしれない。だがひとたび詩人の内的世界に入り込むと、その詩の世界の中では、そうした外の世界とは一線を画す孤独で壮絶な葛藤と戦いが繰り広げられていたことは、ここに描き出したとおりである。詩人のこの内的世界を目にするとき、なんぴとも少なくとも詩というものの世界の中では、タゴールはまったく恐れを知らない人であったと認めざるを得ないのではないか。

あるいはまた、晩年のこの壮絶とも言える執念から、大詩人タゴールを大いなる未完成と考えるものも少なくない。アブー・サイード・アユーブもそのひとりであり、そして彼は、それゆえにタゴールを偉大な詩人であると考える。ほとんど生まれながらにして詩人であり、ただひとりでベンガル詩を完成させたとも言える完全なる詩人が未完成であるというのは逆説的だが、この未完成の、……完全なる詩人がベンガル人のみならず、あらゆる人の輝ける道標であり続けるのは、間違いないことだろう。

おわりに

タゴール後の重要な詩人のひとり、モヒトラル・モジュムダル（一八八八〜一九五二）に、タゴールと現代ベンガル文学を総括した文章がある。それはまだ、タゴール存命中の一九三一年に書かれたものだが、モヒトラルはこの時点ですでにベンガル文学におけるタゴールの影響力についてはもはや証明する必要などまったくないと断じている。そしてまた、そのありようについてこう表現する。現代ベンガル文学の多くの流れや支流の中で、タゴールこそが最も太い流れとなり、ついにはおそらくただひとつの源泉となったのだと。

タゴール後の世代のベンガル詩人たちにとって、タゴールこそが唯一の源泉となったというのはある意味で正しい。次の世代の詩人たちは結局のところ、どれだけタゴールに批判的であろうとも、タゴールのはじめた、そして展開した詩的世界からスタートしなければならなかったからである。そしてそれはまた、タゴールが探りあてたベンガル文学の伝統をみずからの源とすることでもあったろう。しかしそのあとは？　その次の、そのまた次の世代はどうなのか？

「はじめに」で名前を挙げたベンガルの今を代表する詩人、ジョエ・ゴーシャミ（一九五四年生まれ)に「わたしのロビンドロナト」と題する一文がある。書かれたのは二〇〇四年、五月。タゴールの誕生日に向けて「デシュ」誌上に発表されたものである。

ジョエ・ゴーシャミははじめに、個人的なエピソードを語る。まだ幼い八歳のころのある雨季の日、母が「黄金の舟」を読んでいたこと。母はふだんあまり詩を読まない人だったが、亡くなったばかりの父を思い出して読んでいたのだろうとジョエ・ゴーシャミは回想する。幼かったジョエ・ゴーシャミは、それが父の死をうたったものだと思い込んだという。成長してこの詩について多くの論争が繰り広げられていたことを知り、この新しい世代の詩人は困惑する。しかし幼いころの光景と情感が消え去ることはない。

あるいはまた、さらに遡ってその父が生きていたころのことにも詩人は思いをはせる。河べりのバニヤンの木の下に父とふたりで佇んでいたときのこと。父がふっとある歌をうたいはじめた。「染みひとつない真っ白な帆に　柔らかく優しい風があたる……」というタゴールの歌である。河には帆を張った舟がゆったりと行きかい、父がその舟を指さしながら、歌のことばを教えてくれる。それから何十年も経ってジョエ・ゴーシャミは、学生寮で暮らす娘に会いに行く。寮の外を河が流れ、父娘は並んで河べりに腰を下ろす。河には帆を張った舟が行きかい、それを眺めていた娘が突然「染みひとつない真っ白な帆に　柔らかく優しい風があたる……」とうたい出した。その瞬間、詩人の目に涙が溢れてしまう。

ジョエ・ゴーシャミは言う。「涙が溢れてしまうようなものに、文学的考察など加えることはできない」。あるいはまた、こうも言う。「すべての人にタゴールが必要なわけではないことをわたしは知っている。タゴールなしでも人生は続く。しかしまた、多くの人がタゴールを必要としていることも、わたしは知っている。（中略）そして、わたしはタゴールを必要としている」。

そういう感じ方にジョエ・ゴーシャミ自身当惑し、詩人は自分にとってのタゴールについてあれこれ考える。あるとき詩人は驚嘆する。「黄金の舟」や「行き先のない旅」を書いたその人が『境』を書き、『渡り飛ぶ白鳥』を書き、その彼が『ギタンジョリ』をも書き、そしてまた『火花』や『書きなぐさみ』を書き、それと同時に『追伸』や『最後のしらべ』や『木の葉の皿』を書いたのだ、と。そしてまたあるとき詩人は発見する。ある俳優がまるでリアリティーを感じられないので演じることはできないと語った『赤い夾竹桃』や『郵便局』や『王』を、自分は詩として読んでいることを。そしてジョエ・ゴーシャミはタゴールの詩の中に愛と美を見出してこう言う。「たとえ人生の中でそれらを見出せなくとも、自分はタゴールの歌の中にそれを見つけることができる」。

最終的にジョエ・ゴーシャミは、いつまでも新しいままであり続けるという「未知の神秘」とともに、父や母、兄と同じように家族の一員として存在している「知らぬところのないような自分のもの」という両面をタゴールに見出す。

ここにあらわれているのは、モヒトラル・モジュムダルが「唯一の文学的源泉」と呼んだタゴールとも少し違う。もちろんジョエ・ゴーシャミにとってタゴールが文学的源泉になっていない、ということではない。「はじめに」でのエピソードに見られるように、この新しい世代の詩人とても、タゴールをその最大の源泉とみなしている。

ジョエ・ゴーシャミはタゴールが亡くなったあとに生まれた詩人である。つまりジョエ・ゴーシャミにとってタゴールは、はじめから象徴的存在であり、その残された作品こそが彼にとってのタゴールそのものなのである。そしてそのタゴールの存在、最終的に詩作品から蘇えるタゴールは、言葉という問題があるにせよ、そしてそれは詩である限りとてつもなく大きな障壁ではあるものの、それでもなおそのタゴールは、まるで異なる時間と空間に属するわれわれの中にもおそらく同じように蘇え得るものだ、とこの小論を書き終えたわたしは考えている。

タゴール年譜（生涯編）

西暦	年齢	年譜	背景となる参考事項
一八五七			インド大反乱。翌年東インド会社廃止されイギリスの直接支配の始まり
一八六一	〇	コルカタにてデベンドロナト・タクルとシャロダ・デビの十四番目の子供として（八男）として生まれる。	
一八六四	三		次兄ショッテンドロナト、インド人初のＩＣＳ（高等文官）となってイギリスより帰国。
一八六六	五	ショメンドロナト（二歳年長のすぐ上の兄）とショットプロショド・ガングリ（二歳年長の甥）とともに家での学業をはじめる。	
一八六八	七	オリエンタル・セミナリーに入学。のちにノーマル・スクールに転校。	明治維新

一八七一	十	ベンガル・アカデミー入学。
一八七三	十二	はじめて父とともにシャンティニケトンを訪れ、そのまま父と北インドへ旅行。帰宅後復学するもこの年の終わりに退学。
一八七四	十三	セント・ザビア・スクールに入学。
一八七五	十四	母亡くなる。年の終わりに進級かなわずセント・ザビア・スクール退学。
一八七八	十七	アーメダバードの次兄ショッテンドロナトのもとで英語を学んだのち、次兄とともにイギリスへ。当面次兄の家族とともにブライトンで暮らす。
一八七九	十八	ロンドンに移り、ロンドン大学にて学ぶ。
一八八〇	十九	帰国の途に着く。
一八八一	二十	はじめての講演「音楽と想念」を行う。
一八八二	二一	五兄ジョティリンドロナトのコルカタのサダル・ストリートの家に滞在。
一八八三	二二	コルカタのサーキュラー・ロードの次兄ショッテンドロナトの家に滞在ののち、次兄とともにその任地であったカールワール（ボンベイ管区）に移動。コルカタに帰ったのちジョティリンドロナトとともにチョロンギー近くの家に住む。年末にムリナリニ・デビと結婚。

一八八四	二三	五兄ジョティリンドロナトの妻カドンボリが自殺。	
一八八五	二四		会議派第一回大会がボンベイにて開かれる。
一八八六	二五	長女マドゥリロタ（ベラ）誕生。	
一八八八	二七	長男ロティンドロナト誕生。	
一八九〇	二九	領地管理の仕事のためシライドホへ。次兄ショッテンドロナトらとともにイギリスおよびイタリアとフランス行。帰国後シライドホに戻る。	
一八九一	三〇	次女レヌカ誕生。十二月にシャンティニケトンにウパシヨナ・グリホが完成。以後この日にポウシュ祭が行われることになる。	
一八九二	三一	領地管理のためしばしばシライドホに滞在したほか、夏の間をシャンティニケトンで過ごす。	
一八九四	三三	三女ミラ誕生。	
一八九五	三四	クシュティアでのビジネスに本腰を入れる。	
一八九六	三五	末子で次男のショミンドロナト誕生。	
一八九八	三七	ティラクの逮捕を受けて友人とともにティラク擁護運動を繰り広げる。ボレンドロナト（四兄の長男）がシャンティニケトンに教育機関を設立すべく青写真を作り、校舎の建設が始まる。	

一八九九	三八	家族がコルカタからシャンティニケトンに引っ越す。ボレンドロナト亡くなる。
一九〇〇	三九	クシュティアの事業が立ち行かなくなり、借金をして負債を返済する。
一九〇一	四〇	長女マドゥリロタの結婚。一ヶ月後に次女レヌカの結婚。十二月のポウシュ祭の日に、古代の「トポボン（森の学校）」をモデルに学校を設立。
一九〇二	四一	学校をはじめるにあたり、またクシュティアの事業の不始末により財政難に陥ったため、プーリーの資産および個人蔵書の一部を売り払う。妻も装飾品類を売り払ってそれを助ける。妻の容態が悪くなりコルカタに移るも十一月に亡くなる。
一九〇三	四二	若い詩人のショティシュチョンドロ・ラエがシャンティニケトンの学校に参加。次女レヌカが結核にかかり転地療養。学校や領地の仕事でコルカタとシャンティニケトンを往復するがレヌカの容体急変の知らせを受けてアルモラに急行。九月にレヌカ亡くなる。
一九〇四	四三	ショティシュチョンドロ・ラエが天然痘で亡くなる。伝染病を避けるため、学園も一時シライドホに移す。政治的関心が高まり、ミネルヴァ・ホールで「自国の社会」

一九〇五	四四	を読んだほか、ティラクの運動を支持。学園のためのテキスト作りをはじめる。父デベンドロナトが亡くなる。ベンガル分割反対運動に参加、複数の講演をしたほか、この時期多数の愛国歌も書く。集会などでそれらの歌が盛んにうたわれるが、自身はしだいに政治活動から遠のく。	日本が日露戦争に勝利。インド総督がベンガル分割令を施行し、分割反対運動が起こる。
一九〇六	四五	長男ロティンドロナトが農業を学ぶためにイリノイ大学へ。	ダッカでイスラム連盟が結成される。
一九〇七	四六	政治の場から身を引くが、突然の「引退」に非難が相次ぐ。シャンティニケトンで春祭りのはじまり。三女ミラが結婚。末子ショミンドロが友人の家を訪問中にコレラで亡くなる。	
一九〇八	四七	学園で雨季祭りが行われる。	
一九〇九	四八	ロティンドロナトがイリノイ大学で農学を修めた後に帰国。	
一九一〇	四九	長男ロティンドロナトが幼児期に寡婦となっていたプロティマ・デビと結婚。未亡人との結婚はタゴール家で初めて。はじめてタゴールの誕生日をシャンティニケトンで祝う。	
一九一一	五〇	イギリスの画家ローセンシュタインと会う。	ベンガル分割令が撤回され、

一九一二	五一	東ベンガルとアッサム州政府がシャンティニケトンを好ましくない学校として師弟を送らないようにと通達、多くの学生が退学。イギリス訪問の誘いを受けて船を予約するが、体調を崩しいったんキャンセル。シライドホで療養ののち、五月に出航し、翌月ロンドン着。ローセンシュタインに会い、英訳を書き込んだノートを渡す。ローセンシュタインがタゴールの詩の朗読会を主催し、イエイツが何篇かを朗読。この席ではじめてアンドリュースと会う。インド協会その他で歓迎会。バーナード・ショー、H。G。ウェルズ、ストップジョード・ブルック、スタージ・ムーアなどと会う。十月にアメリカに渡り、先に来ていたロティンドロナト夫妻とイリノイで合流。その地で若干の講演をこなす。英語による講演はこれがはじめて。	翌年のデリー遷都が宣言される。
一九一三	五二	シカゴ大学などで講演。ロチェスターの宗教者会議でも講演し、オイケンに会う。オイケンは『ギーターンジャリ』を賞賛。ハーヴァート大学で講演。四月、イギリスに戻り、キャクストン・ホールで連続講演。九月、帰国	

		の途につき、十一月にシャンティニケトンに戻る。同じく十一月、ノーベル文学賞受賞の知らせがシャンティニケトンに届く。コルカタより大勢がお祝いにかけつけるが、突然の盛り上がりに気分を害す。カルカッタ大学より名誉博士号を送られる。	
一九一四	五三	ベンガル知事、カール・マイケル卿よりスウェーデンから届いたノーベル賞を授与される。ピアソンがシャンティニケトンを訪れ、そのまま教師として参加、アンドリユースもあとで合流。このころ精神的に落ち着かず、アラハバード、アグラ、ダージリン、シムラなどしばしば滞在場所を変える。南アフリカからガンディーのフェニックス農園の教師と生徒たち二十名がやってきてしばらくシャンティニケトンに滞在する。	第一次世界大戦の勃発
一九一五	五四	ガンディーがフェニックスのグループと合流すべくシャンティニケトンにやってくる。ガンディーとはじめて会見。ナイトの称号を受ける。	
一九一六	五五	アメリカより講演旅行に招待され、土佐丸にて日本経由でアメリカに向かう。五月末に神戸着。大阪で講演ののち、東京へ。大観の家に滞在。東京帝国大学および慶応大学で講演。上野で歓迎会。夏の間、箱根に滞在。軽井	ラクノウで会議派と連盟が同時に大会を開催。「ラクノウ協定」

一九一七	五六	沢の日本女子大学三泉寮を訪問。岡倉天心の五浦の家を訪問。九月にアメリカに向けて出航し、アメリカ各地で講演。ナショナリズム論が批判される。同じ講演を繰り返すことの疲れと、契約上の問題などで旅を中断。日本に向けてサンフランシスコを出航。日本滞在後に帰国。	
一九一八	五七	ガンディーと国語をめぐる論争。五月、長女マドゥリロタが亡くなる。シャンティニケトンにおける異文化交流の構想を固め、ビッショ・バロティの礎石が正式に行われる。	
一九一九	五八	南インドで講演。アムリットサル事件に抗議してナイトを返還。その際に書かれた手紙を「インディアン・プレス」に公表。ロマン・ロランの要請に応じて、「精神の独立宣言」に署名。画家ノンドラル・ボシュがシャンティニケトンの教授陣に加わり、美術学科が設立される。このころ音楽学科も作られる。	ローラット法の裁可および第一次非暴力運動の開始。ヒラーファト運動。アムリットサルの虐殺事件。ヴェルサイユ条約調印
一九二〇	五九	アンドリュースや学生らと西インドを訪問。ビッショ・バロティの広報活動を行う。引き続き学園の基金をつのるべく外遊の途につく。五月、コルカタを出航。イギリスではナイトの称号を変換したことが批判され、全体と	国際連盟の成立。

一九二一	六〇	して冷淡な対応。八月、フランス入り。ベルグソンや東洋学者シルヴァン・レヴィと知り合う。ギメ博物館で歓迎会。ゲーテの「ファウスト」を観劇。詩人ノワリスと会見。九月、オランダ入り。各地で講演ののちベルギーに移動。十月にはアメリカに渡り各地で講演。入場者は多かったが反応はかんばしくなく、基金をつのる計画も難航する。 ニューヨークで農学生のエルムハーストに会う。イギリスを経てパリへ。ロマン・ロランとはじめて会見。講演やオペラを鑑賞ののち、ストラスブールに移動。シルヴァン・レヴィが教授をつとめる新設大学で講演。ジュネーブで再び講演。カイザーリング、オイケン、トーマス・マン、ハウプトマンらを含む「委員会」が六十一歳の誕生日を記念してビッショ・バロティにドイツ古典の書籍一式を贈る。スイス・ドイツの各地で講演ののちデンマークへ。コペンハーゲンで講演。スウェーデンでは、ノーベル賞受賞者としての記念講演。『郵便局』のスウェーデン語版を鑑賞。グスタフ国王などと会見。ベルリンに移動ののち、講演。この内容がレコード化される。ミュンヘンでも講演。トーマス・マンに会う。講演で得

一九二一 六一

た一万マルクを敗戦国ドイツの飢えた子供たちに寄付する。ダルムシュタッドのヘッセ大公のもとに滞在、カイザーリングの学校を訪ねる。大勢の市民が宮殿につめかけたので、庭で交歓。フランクフルト、ウィーンでも講演ののち、プラハへ。インド学者ヴィンテルニッツ教授およびレズニー教授と知り合う。プラハからマルセイユに向かい帰国の途に着く。非協力運動の現状を批判する書簡をアンドリュースに送り、それらが「モダン・レビュー」に発表されるが批判が相次ぐ。コルカタで講演し、ガンディーの方針を批判。ガンディーは「ヤング・インディア」誌上で反論。九月にガンディーとジョラシャンコで会談。スリニケトン創設のために、エルムハーストがシャンティニケトン入り。初の客員教授としてシルヴァン・レヴィがシャンティニケトンを訪れ、チベットおよび中国学部が設立される。十二月、正式にビッショ・バロティが開校され、シャンティニケトンの土地、家屋等の資産が大学に譲渡される。タゴールの著作の版権も大学に譲渡。エルムハーストを初代部長としてスリニケトンが正式発足。南インド各地で講演ののち、スリランカへ。コロン

チャウリー＝チャウラー村事件および非暴力運動の停止。

		ボでも連続講演。再びボンベイに戻り、ペルシャ、サンスクリット研究資金を集める。ヴィンターニッツ教授とレズニー教授が客員教授としてシャンティニケトン入り。
一九二三 一九二四	六二 六三	次兄ショッテンドロナト亡くなる。大学に出版部が誕生。カルカッタ大学で連続講演、のちに『文学の道』としてまとめられる。三月、招待を受けて中国へ向かう。ラングーン、ペナン、シンガポール、ホンコンを経て上海着。上海を皮切りに、南京、北京など各地で講演。歓迎会、誕生会も行われ、北京では大歓迎集会が開かれるが、左翼系新聞から厳しい批判。英語版『チットラ』が上演される。いくつかの講演は「中国での対話」としてのちにまとめられる。五月、日本に向けて上海を出航。長崎にて上陸後、別府、福岡、神戸、大阪などを経て東京入り。東京帝国大学、日本女子大学、パン・パシフィック・クラブなどで講演。ラシュビハリ・ボシュと会見。九月ペルー独立百年祭に招待を受け、ペルーに向けて出発。船中で体調を崩し、ブエノスアイレスで下船。ヴィクトリア・オカンポがサン・イシドロの邸宅にタゴールを迎え入れ、その地で療養。アルゼンチン大統領と会見。
一九二五	六四	ブエノスアイレスから出航。帰途イタリアに立ち寄り二

一九二六	六五	月に帰国。三月、五兄ジョティリンドロナトが亡くなる。ガンディーがシャンティニケトンを訪れカーディー（手織綿布）の運動に理解を求める。チャルカー（手動の糸紡ぎ機）およびカーディーをめぐって国中で論争。どちらの運動も支持せず。イタリアの東洋学者フォルミチ教授が客員教授としてシャンティニケトン入り。フォルミチ教授はムッソリーニからイタリア語の本のコレクションを託されていた。相次いで同じく東洋学者のトゥッチ教授が加わる。 ダッカ大学の招きを受けて講演ののち、東ベンガルの主だった町を訪問。五月、招待を受けてイタリアへ向かい、ナポリにて上陸。ローマ入りののち、ムッソリーニと会見。歓迎会、講演会、国王との会見、『チットラ』のイタリア語版の鑑賞などが続く。軟禁状態だった哲学者ベネデット・クローチェとひそかに会見。途中ロマン・ロランの招きに応じてスイスのヴィルヌーブで休養を取る。ロランよりイタリアでの講演や発言が勝手に歪曲され、ファシスト政権に利用されているとの説明を受け、ファシスト政権への反発を強める。講演の約束を果たすためヴェニスを訪問ののち、「マンチェスター・ガーディア

一九二七	六六	ン」紙にファシスト政権を非難する釈明の寄稿記事を送る。イギリス滞在ののちにノルウェーを経てドイツ入り。各地で講演。ハンブルグでは大歓迎集会。アインシュタインと初めての会見。ヒンデンブルグ大統領と会見。「マンチェスター・ガーディアン」に再び寄稿。イタリアの右派から非難と攻撃。イタリア政府はトゥッチ教授をシャンティニケトンから引き上げさせる。ドイツ各地を訪問しドレスデンで『郵便局』の観劇。プラハで講演、『郵便局』のチェコ語版を鑑賞。ベオグラード、ソフィア、ブカレスト、さらに船でイスタンブール、アテネと周り、カイロ入り。王による歓迎会。王がビッショ・バロティに本を寄贈。アレクサンドリアからインドへ向かう。年末にシャンティニケトン着。 六月、マドラスを出航して東南アジアに向かう。シンガポール、マラッカ、クアラ・ルンプール、北京などを訪問、各地で歓迎会や講演。大学への寄付も募る。マライ半島縦断後、ジャワ島に渡る。バリのヒンドゥー文化に強い興味を持つ。インドネシア各地を訪問、知識人、作家らと交流。ペナン経由でバンコクへ。国王と会見および講演。十月に帰国。

一九二八	六七	プラハのレズニー教授が客員教授としてシャンティニケトン入り。マイソール大学の招待を受けて、バンガロールに滞在。シャンティニケトンに植樹祭、スリニケトンに耕作祭を導入。	
一九二九	六八	カナダの国民教育会議の招待を受けて、コルカタを出航。三月末に神戸着。東京、横浜と立ち寄ってからカナダに向けて出発。四月はじめにカナダ着。ヴァンクーヴァーなどで講演。鉄道でロサンゼルスへ向かいアメリカに入国しようとするも、パスポート紛失に伴うトラブルのため講演をキャンセル。日本に向けて出航し、五月に横浜着。日本女子大、日印協会、津田塾などで講演。再びラシュビハリ・ボシュと会見。サイゴン経由で帰国。	会議派ラホール大会で完全独立を決議。世界的経済恐慌。
一九三〇	六九	マハラジャの招待を受けてバローダで講演の後、ラクノウなどで大学のための資金作りにつとめる。オックスフォードでの講演の約束を果たすためイギリスに向けて出発。三月末にマルセイユ着。モンテカルロでチェコ首相と会見などののちパリへ。ヴィクトリア・オカンポが資金を出し、パリで絵画展が開かれる。五月にロンドン着。ガンディーの「塩の行進」や逮捕などのニュースを聞き、「マンチェスター・ガーディアン」紙のインタビューに	第二次非暴力運動の開始。塩の行進。ロンドンで円卓会議。ガーンディーは出席せず。

一九三一	七〇	答えてこれら一連の事件にまつわる政府の対応を非難。オックスフォードでのちに「人間の宗教」として知られることになる連続公演。バーミンガム、ロンドンで絵の個展。七月にドイツ入りし、ラジオ出演やアインシュタインとの会見などをこなす。アインシュタインとの対話は「人間の宗教」の付録として付け加えられた。ベルリン、コペンハーゲンでも絵の個展。ジュネーヴで休養ののち、九月にモスクワ入り。歓迎会やコンサート鑑賞など。多くの知識人、作家と会い、さまざまな組織を訪ねる。モスクワでも絵画展。送別会ではロシアの詩人や作家がタゴールを称える詩やタゴール作品のロシア語訳を朗読した。ドイツで休養後、十月、アメリカに向けて出航。舞踊家ルース・セント・デニスがシャンティニケトンの基金をつのるためにリサイタルを開くが、経済恐慌のさなかにあって失業者対策のためにその資金を寄付する。フーバー大統領と会見。ニューヨークとボストンで絵の個展。十二月にアメリカを発ち、ロンドンへ。 一月末コルカタ着。七〇歳の誕生日が各地で祝われる。ヒジリ収容所で青年二人が看守に殺害された事件に抗議する集会に参加。年末にコルカタ市民の組織による生誕

一九三二	七一	七十年祭が企画される。国内では初の絵の展示など。友人らによる文章を集めた「ゴールデン・ブック・オブ・タゴール」も用意される。 タゴール生誕祭がガンディーの逮捕を受けて中断される。イギリス首相マクドナルドに抗議の電報を送る。つづいて声明文を発表するが、検閲のため全文公表ならず。四月、パーレビー国王の招きを受けて空路にてペルシャに旅立つ。サーディーとハーフィズの生地シーラーズを訪問、二人の詩人の墓に詣でる。市民から熱烈な歓迎。ペルセポリス経由でイスファハン着。そののちテヘラン入り。ここでも熱狂的な歓迎を受ける。パーレビー国王と会見。帰路バグダットを訪問。イラク国王と会見。ベドウィン・キャンプに一泊。六月、空路カルカッタに戻る。カルカッタ大学のベンガル語の教授職を引き受け、一連の講義を行う。八月、ただひとりの孫息子、ニティンドロがドイツで亡くなる。ガンディーが獄中で断食に入ったことを知り、打電。その後プーナにガンディーを訪ねる。イギリス側が妥協案を示したことでガンディーは断食を解くが、タゴールはその場に居合わせた。 カルカッタ大学で「人間の宗教」の連続講演。再びガン	
一九三三	七二		ヒットラー首相になる。日本、

一九三四	七三	ディーが刑務所で断食。釈放を要求して打電。政治犯釈放のための署名。アンダマンでハンガー・ストライキを続ける囚人たちに激励の電報。舞踊家ウダイ・シャンカルがシャンティニケトン訪問。プーナ協定はベンガルのヒンドゥー教徒に不利なものだとして、ガンディーおよびタゴールに批判が上がり、釈明の文書を書く。サロジニー・ナイードゥが組織したボンベイでのタゴール週間にシャンティニケトンの生徒を伴って参加。アーンドラ大学で講演ののち、ハイデラバードでも講演。 ネルー夫妻がシャンティニケトンを訪問（当時は娘インディラがシャンティニケトンで学んでいた）。ビハール州を中心に大地震が起こった際にガンディーが神罰と語ったことに対し、抗議文を発表。五月、学園の教師と生徒を連れてスリランカに向けて出発。コロンボ着後、ロータリー・クラブで講演。そのままラジオ放送される。コロンボで自身のものも含む絵画展と『呪いからの解放』の上演。ジャーフナーでも『呪いからの解放』の連続公演。いったんシャンティニケトンに戻る。ガンディーと会見。マドラスから招待を受け、十月に出発。各地で絵画展と講演、また『呪いからの解放』の公演などを	国際連盟を脱退。 第二次非暴力運動の停止。

		行ったのち帰省。	
一九三五	七四	ベナレス・ヒンドゥー大学で講演。名誉学位を受ける。引き続き北インド各地で講演や学生との対話。カーリー寺院に生きた動物を犠牲として捧げることを廃止する運動を支持。保守派のヒンドゥー教徒から反発。	
一九三六	七五	大学の基金をつのるため、北インドで『チットランゴダ』の上演。パトナ、アラハバード、ラホールと回った後デリーで公演。これらの舞台を楽しむも体力の衰えもはなはだしく、ガンディーが用意した六万ルピーの寄付金（ビルラ財閥からの融資）を受けてツアーを切り上げる。デリーでの公式歓迎会は許可されず、ラジオにて詩の朗読。唯一人の孫娘ノンディタ（三女ミラの長女）がクリシュナ・クリパラーニと結婚。ネルーの依頼でインド国民会議の議長をつとめる。ダッカ大学より名誉学位を受ける。ベンガル語の綴りを制定するのに協力。	
一九三七	七六	カルカッタ大学の卒業式で祝辞。はじめてのベンガル語による祝辞であった。ベンガル文学会議で講演。ラーマ・クリシュナの百年祭で講演。中国学院の開設。アンダマン島でのハンガー・ストライキとそれに伴う虐待に抗議する大衆集会で議長をつとめる。九月、体調を崩し、	インド統治法施行および州議会の発足。日中戦争のはじまり。

		四十八時間にわたり意識をなくす。回復後、コルカタに移送され療養生活。シュバシュチョンドロ・ボシュやネルーが見舞う。十一月、シャンティニケトンに戻る。同月、終世の友だったジョグディシュチョンドロ・ボシュが亡くなる。日本の中国侵攻を批判。	
一九三八	七七	ヒンディー学院の礎石。「マンチェスター・ガーディアン」紙上にてインドの新憲法に関する公開質問状。ガンディーと会見。ベンガル人政治犯の解放について話し合う。野口と書簡にて論争。のちに公開される。ナチによるチェコ占領の知らせを受けてレズニー教授に手紙と詩を送る。	シュバシュチョンドロ・ボシュが会議派議長に選ばれる。
一九三九	七八	ヒンディー学院開設の式典にネルーが参加。ネルー滞在中にシュバシュチョンドロ・ボシュがシャンティニケトンを訪れ、タゴールの面前で会談が行われる。オリッサ国民会議派政府から招待を受けてオリッサのプーリーに滞在。誕生日もプーリーで盛大に祝う。ジョラシャンコの家でネルーと会談。ミドナプルでビッダシャゴル記念館の開館式に参加。途中ハウラ駅でシュバシュチョンドロと会う。シャンティニケトンに帰ってから、シュバシュチョンドロに関してガンディーに打電。	ドイツが宣戦布告。第二次世界大戦の始まり。ボシュ、会議派から離れ、フォワード・ブロックを結成。

一九四〇	七九	ソビエトのフィンランド侵攻に抗議するエッセイを書く。ガンディー夫妻がシャンティニケトンを訪れ、歓迎会。世界とインドの情勢に関してルーズベルト大統領に書簡を送る。オックスフォード大学から名誉学位を受ける。九月、医師に止められたにもかかわらずカリンポンへ行くも、病状悪化。再び意識を失う。ダージリンから呼んだ医者は手術をすすめるが断る。コルカタから医師団が到着、コルカタに移送される。回復に時間がかかり、二ヶ月ほどの静養ののち、シャンティニケトンに戻る。これ以後完全に病から回復することはなかった。	
一九四一	八〇	ベンガル新年にあわせて誕生日が祝われる。衰弱はなはだしくみずから講演することはかなわなかったが、「文明の危機」と題する草稿を用意し代読してもらう。酷暑の中、ブッドデブ・ボシュと文学に関して話し合う。治療のためコルカタに移送。七月三十日に手術。手術から完全に快復することなく、八月七日にジョラシャンコの自宅で死去。	自宅軟禁となっていたシュボシュチョンドロ・ボシュが失踪。独ソ戦始まる。日本、真珠湾攻撃。

タゴール年譜（作品編）（英語による出版物には、タゴール以外の手による翻訳も含まれている。）

西暦	年齢	作品年譜
一八六二	一	（詩人モドゥシュドン・ドットがイギリスへ行き、数年間滞在。）
一八六九	八	このころ詩作をはじめる。
一八七二	十一	（ボンキムチョンドロが「ボンゴドルション」の刊行を始める。）
一八七五	十四	ヒンドゥー・メラにて愛国詩を朗読。この詩は自身の名前を冠して初めて印刷されたものとなる。五兄ジョティリンドロナトの書いた戯曲に挿入する歌を書く。いくつかの作品が雑誌に掲載されはじめる。
一八七七	十六	五兄ジョティリンドロナト作の戯曲ではじめて舞台に立つ。長兄ディジェンドロナトが月刊誌「バロティ」の刊行をはじめ、のちにバヌシンホ・シリーズとして知られることになるポダボリや、物語詩『詩人の物語』などを掲載する。
一八七八	十七	このころ自作の詩篇に旋律をつける試みをはじめる。 **『詩人の物語』**（詩集）
一八七九	十八	「ヨーロッパ滞在通信」が「バロティ」に連載される。休暇中に次兄ショッテンドロナトの家族のもとで『破れた心』などを書く。
一八八〇	十九	五兄ジョティリンドロナトの戯曲を手伝いながら次々と作曲。

一八八一	二〇	**『野の花』**（詩集） 『ヴァールミーキの天才』がジョラシャンコで上演され、自身もヴァールミーキ役で舞台に立つ。チョンドンノゴルの五兄ジョティリンドロナトの家族のもとでエッセイや小説『兄嫁の市場』も書きはじめる。コルカタに帰り、『夕べの歌』の詩篇を書く。 **『ヴァールミーキの天才』『破れた心』『ルドロチョンド』**（戯曲） **『ヨーロッパ滞在通信』**
一八八二	二一	このころ神秘体験をし、「滝の目覚め」を書く。この詩はのちに『朝の歌』におさめられる。ボンキムチョンドロが『夕べの歌』を絶賛。『ヴァールミーキの天才』の新版『死の狩猟』をジョラシャンコで上演。みずから盲目の隠者の役を演じる。 **『夕べの歌』**（詩集） **『死の狩猟』**（戯曲）
一八八三	二二	カールワールで『自然の復讐』を書く。コルカタに戻って『絵と歌』の詩篇を書く。 **『朝の歌』**（詩集） **『兄嫁の市場』**（小説） **『さまざまなことども』**
一八八四	二三	『長調と短調』の詩を書く。 **『絵と歌』『子供の歌』『バヌシンホ・タクルのポダボリ』**（詩集） **『自然の復讐』『ノリニ』**（戯曲）
一八八五	二四	ギャノダノンディニ（ショッテンドロナトの妻）編集による児童文学誌「バロク」を実

		質的にまかされ、小説『王冠』『聖王』など多数の作品を掲載。これまでの歌を集めて歌集『光と影』を出版。 『**光と影**』（歌集） 『**ラム・モホン・ラエ**』『**論議**』
一八八六	二五	会議派第二回大会（コルカタ）で自作の歌をうたう。 『**長調と短調**』（詩集）
一八八七	二六	『心の女《ひと》』の詩篇を書き始める。 『**聖王**』（小説） 『**書簡**』（手紙の体裁を取ったエッセイ集）
一八八八	二七	『**マーヤーの戯れ**』（戯曲） 『**批評**』
一八八九	二八	無韻劇『王と王妃』を書く。コルカタ上演の際にはみずから王を演じた。 『**王と王妃**』（戯曲）
一八九〇	二九	戯曲『犠牲』を書く。ジョラシャンコの家で上演の際にはログポティを演じた。 『**心の女《ひと》**』（詩集） 『**犠牲**』（戯曲） 『**大臣就任式**』
一八九一	三〇	短編小説「郵便局長」などが週刊誌「ヒトパディ」に掲載されるが、同誌に載せた評論について論争となり、この年の暮れには「ヒトパディ」誌との関係が切れる。 『**ヨーロッパ旅行者の日記**』**第1巻**

一八九二	三一	『黄金の舟』の詩編を書きはじめる。『チットランゴダ』初演。 『**チットランゴダ**』『**はじめのあやまり**』(戯曲)
一八九三	三二	『**歌の本とヴァールミキの天才**』 『**ヨーロッパ旅行者の日記**』第**2**巻
一八九四	三三	丸二年かけた『黄金の舟』を編集。「シャドナ」の編集を引き継ぐ。 『**黄金の舟**』(詩集) 『**別れの呪詛**』(戯曲) 『**短編小説集**』『**とりどりの物語**』『**四つの話**』(小説)
一八九五	三四	「飢えた石」などの短編小説を「シャドナ」に発表するが、この年のうちに「シャドナ」は刊行を止める。『チットラ』の執筆。 『**十の物語**』(小説)
一八九六	三五	長詩「河」や「生命神」の詩がこのころ書かれる。 『**河**』『**チットラ**』(詩集)
一八九七	三六	喜劇『ボイクンタのノート』を書く。上演の際にはケダルを演じた。シライドホで『想像』や『物語』の詩を書く。 『**ボイクンタのノート**』(戯曲) 『**五元素**』
一八九八	三七	「バロティ」の編集を引き継ぎ、その紙面を埋める。
一八九九	三八	『**小さきもの**』(詩集) 『**物語**』(戯曲)

一九〇〇	三九	『はかなきもの』の詩を書く。トリプラの藩主を招いて『犠牲』を上演。みずからはログポティを演じる。
一九〇一	四〇	『**おはなし**』『**物語**』『**想像**』『**はかなきもの**』(詩集) ボンキムチョンドロの「ボンゴドルション」を復刊。以後五年間編集をつとめるとともに『捧げもの』の詩をはじめとして多くの作品を寄稿する。小説『目の砂』も同誌に連載された。『捧げもの』の詩篇を読んだ父が感銘を受け出版のための資金を用意する。 『**捧げもの**』(詩集)
一九〇二	四一	『**ウパニシャッドのバラモン**』 妻の思い出などをつづった『追憶』を書く。
一九〇三	四二	アルモラで『幼子』を書く。 『**目の砂**』(小説) 『**行為の結果**』
一九〇五	四四	『渡し舟』におさめられる詩を書く。 『**バウル**』(詩集) 『**自己の力**』
一九〇六	四五	『**渡し舟**』(詩集) 『**難破**』(小説) 『**インド**』
一九〇七	四六	「ゴーラ」の連載をはじめる。 『**冗談**』『**からかい**』(戯曲)

一九〇八	四七	『とりどりの評論』『人格礼拝』『古代文学』『民俗文学』『文学』『現代文学』 『秋祭り』をシャンティニケトンで上演。 『秋祭り』『王冠』（戯曲） 『蝶の願い』（小説）
一九〇九	四八	『議長あいさつ』『王と人民』『論集』『自国』『社会』『教育』 このころ『ギタンジョリ』の歌を作る。はじめて短編小説が英訳され、「モダン・レビュー」に掲載される。 『幼子』（詩集） 『贖罪』（戯曲）
一九一〇	四九	『言葉の本質』『宗教』『シャンティニケトン』（以下続刊）『ビッダシャゴル行讃』 『ゴーラ』が完結。誕生日に『贖罪』を上演。秋に『贖罪』の再演、苦行者ドノンジョエを演じる。冬の間シライドホで戯曲『王』を書く。 『ギタンジョリ』（詩集） 『王』（戯曲） 『ゴーラ』（小説）
一九一一	五〇	オジット・クマル・チョックロボルティなどがタゴールの詩を英訳し、それらが「モダン・レビュー」に掲載される。誕生日に「王」が上演され、自身はタクルダを演じる。夏にシライドホで戯曲『不変城』を書く。「プロバシ」に「回想」を連載。学園で上演された『秋祭り』で苦行者を演じる。『郵便局』を書く。「プロバシ」および「バロティ」誌に次々と短編小説を載せる。「ジョノ・ゴノ・モノ（のちのインド国歌）」を作曲。

一九一二	五一	第二十六回会議派カルカッタ大会にてはじめてこの曲がうたわれる。 **『八つのお話』**（小説） イギリス訪問に先立ちシライドホで療養中に『ギティマッロ』を書き、これらを含む詩の英訳をする。短編小説「ダリア」を戯曲化した「アラカンの王妃」がロイヤル・アルバート・ホールで上演される。十一月、ロンドンにてインド協会版の『ギーターンジャリ』七百五十部が限定販売される。この中の六篇がシカゴの「ポエトリー」誌に掲載される。 **『チョイットロ月の贈りもの』**（詩集） **『郵便局』『マリニ』『不変城』**（戯曲） **『四つの物語』**（小説） **『回想』『折々の手紙』** **“Gitanjali”**（India Society）
一九一三	五二	ロンドンで『ギーターンジャリ』のマクミラン版が出版され、『園丁』『新月』『チットラ』が続いて出される。アイリッシュ・シアターが『郵便局』を上演する。 **“Gitanjali”**（Macmillan&Co.）**“Chitra”**（India Society）**“The Crescent Moon” “The Gardener” “Glimpse of Bengal Life” “Sadhana”**
一九一四	五三	誕生日に『不変城』がシャンティニケトンで上演され、自身はグルを演じる。ウッタル・プラデーシュのラームガラで歌や『渡り飛ぶ白鳥』の詩などを書く。タゴールの詩をアラビア語に訳したシリアの詩人、ブスタニがシャンティニケトンを訪れる。タゴール作品の英訳が主だった言語に翻訳され、アンドレ・ジイドがフランス語訳を、ヒメナス

一九一五	五四	がスペイン語訳を出す。小説『四楽章』を書き始める。 **『献納』『追憶』『ギティマッロ』『ギタリ』**（詩集） “The King of the Dark Chamber” “One Hundred Poems of Kabir” “The Post Office” シャンティニケトンで『春のめぐり』を上演。自身は盲目のバウルを演じる。詩人ショッテンドロナト・ドットなどとともにカシミールへ行き、スリナガルのボートハウスで『渡り飛ぶ白鳥』の詩を書き続ける。
一九一六	五五	『春の訪れ』がジョラシャンコの家で上演される。自身は盲目のバウルとコビシェカルの二役を演じる。同時に新作『苦行者の精進』も上演。これらはバンクラ県の飢餓救済のためのチャリティー公演。 **『渡り飛ぶ白鳥』**（詩集） **『春の訪れ』**（戯曲） **『家と世界』『四楽章』『七つの物語』**（小説） **『論集』『紹介』** “Fruit Gathering” “Hungry Stones & Other Stories” “Stray Birds”
一九一七	五六	「ショブシュ・プットロ」誌においてプロモト・チョウドゥリがベンガル語の口語運動をすすめるのを支持。『郵便局』上演。自身はタクルダを演じる。ベサント夫人、ティラク、ガンディーなども観賞。ラヌ・ムカジーと文通をはじめる。それらの手紙はのちに『バヌシンホの書簡集』として出版された。 **『主の意思による行為』** “The Cycle of Spring” “My Reminiscences” “Nationalism” “Personality” “Sacrifice &

		"Other Stories"
一九一八	五七	**『捉えがたきもの』**（詩集） **『導師』**（戯曲） "Lover's Gift & Crossing" "The Parrot's Traiging" "Mashi & Other Stories"
一九一九	五八	新しい月刊誌「シャンティニケトン・ポットロ」を創刊。 **『日本旅行者』** "The Home & the World" "Mother's Prayer"
一九二〇	五九	**『見えない宝石』**（戯曲） **『一番』**（小説）
一九二一	六〇	**『借りの返済』**（戯曲） "The Fugitive" "Glimpses of Bengal" "Greater India" "Thought Relics" "The Wreck"
一九二二	六一	年末年始にかけてシライドホで戯曲『自由の流れ』を書く。『秋祭り』の公演。自身は苦行者を演じる。 **『童子ボラナト』**（詩集） **『自由の流れ』**（戯曲） **『短信』**（小説） "Creative Unity"
一九二三	六二	戯曲『春』をコルカタで公演。「ビッショ・バロティ・クオータリー」が刊行開始。夏の間シロンで『赤い夾竹桃』の草稿を書く。八月、三日間にわたってコルカタのエムパイア・シアターで『犠牲』の公演。自身はジョエシンホを演じる。

一九二四	六三	**『春』**（戯曲） シャンティニケトンで『プロビ』の執筆をはじめる。『プロビ』はそののち南米へ向かう船上で、さらにはオカンポ邸で執筆が続けられる。コルカタで『見えない宝石』の上演。「プロバシ」誌に『赤い夾竹桃』を発表。
一九二五	六四	**“The Curse at Farewell” “Gora” “Letters from Abroad” “Talks in China”** コルカタでプロの劇団により『独身者クラブ』が上演され、それに出席。さらにいくつかのストーリーをこの劇団のために戯曲化。
一九二六	六五	**『プロビ』『流れ』**（詩集） **『新居』**（戯曲） **“Broken Ties and Other Stories” “Red Oleanders”** 『踊り子の礼拝』の初演。この戯曲は即興で制作された。ブタペストにて『書きなぐさみ』を脱稿。船上からニルマルクマリ・マハラノビスに手紙を書く。これらはのちに『道であるいは道端で』のタイトルのもとに出版された。
一九二七	六六	**『独身者クラブ』『決済』『踊り子の礼拝』『赤い夾竹桃』**（戯曲） コルカタにて『踊り子の礼拝』の連続公演。自身はウパリを演じる。シャンティニケトンで『踊りの王者』上演。夏の間シロンで小説『最後の詩』および『三代記』を書きはじめる。
一九二八	六七	**『書きなぐさみ』**（詩集） **『季節のめぐり』**（戯曲） バンガロールで小説『最後の詩』および『三代記』を完成させる。『三代記』は当初の

		構想より短いものとなり『交流』という題名に改められる。コルカタのムクル・デ宅で『モフア』の詩篇を書き始める。『最後の詩』を「プロバシ」誌に発表。このころ熱心に絵に取り組み始める。 **『最後の守り』**（戯曲） **“Fireflies” “Letters to a Friend”** （ビブティブション・ボンドパッダエ『大地のうた』）
一九二九	六八	『王と王妃』を改編し散文劇『トポティ』を書く。ジョラシャンコで『トポティ』の連続公演。自身は若き王ビクロムを演じる。 **『モフア』**（詩集） **『救済』『トポティ』**（戯曲） **『交流』『最後の詩』**（小説） **『旅人』**
一九三〇	六九	絵画に費やす時間が多くなる。オーバーアンメルガウ村で十年に一度行われるキリスト受難劇を見て感動、これを参考にして英詩（英語で書いた唯一の作品）『御子』を書く。 **『バヌシンホの書簡集』** （ブッドデブ・ボシュ『囚人の賛歌』）
一九三一	七〇	戯曲『新しきもの』をシャンティニケトンおよびコルカタで上演。ベンガル地方を襲った水害の被害者たちの救援のために、『御子の聖地』（英語で書かれた『御子』のベンガル語戯曲版）を上演。ジョラシャンコで『踊り子の礼拝』の上演。 **『森のメッセージ』**（詩）

一九三二	七一	『**新しきもの**』『**呪いからの解放**』（戯曲） 『**ロシアからの手紙**』『**森のメッセージ**』 "**The Child**" "**The Religion of Man**" ガンジス河畔の別宅にて、自らのまたは他の画家による絵より着想を得て次々と詩を書く。これらはのちに『多彩』としてまとめられた。コルカタのガバメント・アート・スクールで絵の展示会。シャンティニケトンに戻り、『終焉』の詩篇および『追伸』の散文詩を書きはじめる。『最後のしらべ』の執筆。 『**終焉**』『**追伸**』（詩集） 『**時の旅**』（戯曲） "**The Golden Boat**"
一九三三	七二	三月、三日間にわたり舞踊劇『呪いからの解放』がコルカタで上演される。九月、コルカタで三日間にわたって『カードの国』と『チョンダリカ』の公演。自身も舞台に立つ。 『**多彩**』（詩集） 『**チョンダリカ**』『**カードの国**』『**笛**』（戯曲） 『**二人姉妹**』（小説） 『**人間の宗教**』『**インドの巡礼者ラムモホン**』
一九三四	七三	『並木道』の詩を書く。 『**スラボン月の歌**』（戯曲） 『**花園**』『**四つの章**』（小説）
一九三五	七四	チョンドンノゴルにあるタゴール家所有の舟、ポッダ号で夏の間を過ごし、詩の執筆な

		どをする。『秋祭り』がシャンティニケトンで上演され、自身は苦行者を演じる。十二月、二日間にわたって『見えない宝石』をコルカタで上演。自身はタクルダを演じる。 『**最後のしらべ**』『**並木道**』（詩集） 『**旋律と音楽**』
一九三六	七五	『チットランゴダ』を舞踊劇に改め、三日間にわたりコルカタで公演。大学の基金をつのるためであった。初期の詩「返済」をもとにして戯曲『シャマ』を書く。十月、二日間にわたり新しい舞踊劇『シャマ』がコルカタで上演される。 『**木の葉の皿**』『**シャモリ**』（詩集） 『**舞踊版チットランゴダ**』（戯曲） 『**韻律**』『**日本で、ペルシャで**』『**文学の道で**』『**卒業生への言葉**』 **“Collected Poems & Plays of Rabindranath Tagore”**
一九三七	七六	イタリアのエチオピア攻撃を受けてアフリカについての有名な詩を書く。『夕べの燈火』『微笑むもの』『風変わり』などの執筆。夏の間アルモラで『宇宙入門』および『チョラの絵』を書く。シャンティニケトンで『雨季祭り』を上演。自身も舞台に立つ。病床で『境』のいくつかの詩を書く。これらには意識不明であったときの体験が色濃くあらわれている。 『**風変わり**』『**チョラの絵**』（詩集） 『**その人**』（小説） 『**移りゆく時代**』『**宇宙入門**』
一九三八	七七	『チョンダリカ』の舞踊劇版を用意し、はじめにシャンティニケトンで、すぐあとでコ

		ルカタのチャヤ劇場で上演。『夕べの燈火』の詩篇を書く。
一九三九	七八	**『境』『夕べの燈火』**（詩集） **『舞踊版チョンダリカ』**（戯曲） **『道であるいは道端で』『ベンガル語入門』** コルカタで『シャマ』『チョンダリカ』『カードの国』の上演に立ち会う。ロビンドロ・ロチョナボリ（全集）のビッショ・バロティ版の刊行がはじまる。第一巻用に自ら序文を書く。
一九四〇	七九	**『微笑むもの』『空の灯』**（詩集） **『シャマ』**（戯曲） **『道で書きためたもの』** ジョラシャンコのビチットロ・ボボンにある音楽学校の開校式で「ギタリ」コンサート。「音詩」と題する講演をする。病状悪化するも詩篇が浮かんでくるので、口述筆記により書き残す。病床に伏したまま短詩や『恢復』の詩篇が作られる。 **『みどり児』『シャナイ』『病床にて』**（詩集）
一九四一	八〇	**『三人の仲間』**（小説） **『少年時代』『画集1』** **“My Boyhood Days”** **『恢復』**に続いて**『誕生日に』**を発表。少女クショミにおじいさんが語って聞かせるという形式の**『おしゃべり集』**も出版される。五月八日、正式の誕生日が国中で祝われるに際して、それに先立って作られた最後の歌が発表される。手術の直前まで詩の口述が

続けられ、これらの詩篇は死後に『絶筆』としてまとめられた。
『恢復』『誕生日に』『絶筆』『チョラ』（詩集）
『おしゃべり集』（小説）
『文明の危機』『アシュラムの形と発展』
“Crisis in Civilization”

参考文献

●日本語で読めるタゴールの作品

日本語で読めるタゴールの作品を以下に挙げる。ただし大正時代のものなど一般に手に入らないものは除いてある。また本書では説明の都合もあり、本文中の訳は特に断り書きがない場合、すべて拙訳となっている。以下の日本語訳には英語からの重訳も含まれるが、拙訳はすべてベンガル語からの訳なので両者の訳に若干の違いがある場合もある。

『タゴール詩集』渡辺照宏訳　――――――――　岩波文庫　一九七七

『タゴール著作集』全12巻　――――――――　第三文明社　一九八一～九三

『家と世界』ロビンドロナト・タクル（タゴール）大西正幸訳　――――　レグルス文庫　一九八六

『幼子のうた』ロビンドロナト・タクル（タゴール）神戸朋子訳　――――　日本アジア文学協会　一九九一

『タゴール　死生の詩』森本達雄訳　――――――――　人間と歴史社　二〇〇二

『もっと本当のこと』ロビンドロナト・タクル（タゴール）内山真理子訳　――――　星雲社　二〇〇二

『最後の詩』ロビンドロナト・タクル（タゴール）臼田雅之訳　――――――――　北星堂　二〇〇九

『タゴール詩集』山室静訳　――――――――――――　彌《あ》生《おい》書房　一九六六

その他のタゴール関連の参考文献は以下の通り
『タゴールの生涯』クリシュナ・クリパラーニ　森本達雄訳 ―――― レグルス文庫　一九七八
『ロマン・ロランとタゴール』蛯原徳夫 ―――― レグルス文庫　一九八〇
『タゴール』我妻和男「人類の知的遺産61」―――― 講談社　一九八一
『タゴール　詩・思想・生涯』我妻和男 ―――― 麗澤大学出版会　二〇〇六

●各章参考文献

第一章

英語版『ギーターンジャリ』の日本語訳は大正時代から現在に至るまで数多く出されているが、オリジナルの『ギタンジョリ』に関してはそれほど多くの翻訳は出ていない。ベンガル語からの訳としては岩波文庫の『タゴール詩集』（渡辺照宏訳）があり、ここには英語版『ギーターンジャリ』も収められていて両者を比較することができる。

第二章

タゴールの講演の主だったものは出版されており、その多くは日本語訳もある。本章で取り上げた「サーダナー」（一九一三年のアメリカ講演）、「東洋と西洋」（一九〇八年のカルカッタでの講演）、「ナショナリズム」（一九一六年から七年の日本およびアメリカでの講演）、「文明と進歩」（一九二四年の中国での講演）は、すべて第三文明社刊の『タゴール著作集』第八巻に収められているほか、「人間の宗教」などの講演も同じ著作集の第七巻にその多くが収められている。またイタリア滞在の顛末については、『ロマン・ロランとタゴール』（蛯原徳夫著、レグルス文庫）に詳しい。なおタゴールは日本旅行中に本国の雑誌に紀行文を送っており、それらはのちに『日本旅行者』としてまとめられた。こちらも「日本紀行」のタイトルで第三文明社刊の『タゴール著作集』第十巻に収められている。

第三章

タゴールの自伝類、『回想』（邦題は『わが回想』）『私の少年時代』『自伝的エッセイ』はすべてタゴール著作集第十巻に日本語訳が収められているが、これらは包括的な自伝ではない。伝記としてはクリパラーニによる『タゴールの生涯（上・下）』の邦訳（レグルス文庫）も出ている。クリパラーニはシャンティニケトンで教鞭をとっていたのみならず、詩人の孫娘と結婚した「身内」の人物で、生き生きとした描写が随所に見られる。ベンガル語では詳細な伝記、プロバットクマル・ムコッパダエによる『ロビンドロ伝』（全四巻）が長い間定本として使われてきたが、現在刊行中のプロシャントクマル・パルによる『ロビ伝』（現在九巻目までが刊行されている）がそれを上回るものとして注目されている。

第四章

ここにあげた戯曲のうち、『自然の復讐』『犠牲』『自由の流れ』『赤い夾竹桃』はタゴール著作集第六巻に収められており、日本語で読むことができる。ただし本文中にも言及したように、『自然の復讐』は英訳版では『苦行者』というタイトルにあらためられたほか、これらの日本語訳は英訳版からの重訳である。そのため場合によってはオリジナルのベンガル語版とはかなり異なっていることもある。また歌に関しては、ベンガルでは歌詞集（ギトビタン）が広く普及しているが、それの直接の翻訳はない。

第五章

ここで取り上げた作品の多くは日本語で読むことができる。『ゴーラ』はタゴール著作集の第三巻に、『毀れた巣』は第四巻にそれぞれ収められているほか、『家と世界』はレグルス文庫（第三文明社）より上・下に分かれて出版されている。また近年『最後の詩』の日本語訳も出版された。いずれもベンガル語からの訳。

他にタゴールの小説をボイシュノブ的観点から眺めなおしたものとして、林良久氏の「タゴールの恋愛小説」がタゴール著作集別巻の「タゴール研究」におさめられている。

第六章

タゴールの書簡集は、ベンガルでは現在までに十九巻が発行されているが、今日に至っても未公刊のものが残されている。これらの手紙の日本語訳はその一部が『タゴール著作集』第十一巻に収められているが、書簡は膨大なもので訳されているのはわずかにすぎない。また『タゴール著作集』発行時には書簡集が十二巻までしか刊行されていなかったので、それ以降のものは含まれていない。またここで取りあげた詩は『タゴール著作集』第一巻で見ることができるが、英語からの重訳もある。

第七章

ここで取りあげた詩の多くはタゴール著作集の第一、第二巻に収められている。ただし英語からの重訳もある。

さくいん

【作品名】

【その他の項目（人名・地名・歴史的事象・文学的キーワードなど）】

タゴール■人と思想119　　定価はカバーに表示

2011年5月16日　第1刷発行©
2016年5月25日　新装版第1刷発行©

・著　者 ……………………………… 丹羽《にわ》　京子《きょうこ》
・発行者 ……………………………… 渡部　哲治
・印刷所 ……………………………… 広研印刷株式会社
・発行所 ……………………………… 株式会社　清水書院

〒102-0072　東京都千代田区飯田橋3-11-6
Tel・03(5213)7151〜7
振替口座・00130-3-5283
http://www.shimizushoin.co.jp

検印省略
落丁本・乱丁本はおとりかえします。

CenturyBooks

Printed in Japan
ISBN978-4-389-42119-9

CenturyBooks

清水書院の〝センチュリーブックス〟発刊のことば

近年の科学技術の発達は、まことに目覚ましいものがあります。月世界への旅行も、近い将来のこととして、夢ではなくなりました。しかし、一方、人間性は疎外され、文化も、商品化されようとしていることも、否定できません。

いま、人間性の回復をはかり、先人の遺した偉大な文化を継承して、高貴な精神の城を守り、明日への創造に資することは、今世紀に生きる私たちの、重大な責務であると信じます。

私たちがここに、「センチュリーブックス」を刊行いたしますのは、人間形成期にある学生・生徒の諸君、職場にある若い世代に精神の糧を提供し、この責任の一端を果たしたいためであります。

ここに読者諸氏の豊かな人間性を讃えつつご愛読を願います。

一九六七年

清水雄治

SHIMIZU SHOIN